泰國，芒果吃酸的，咖啡喝甜的！

微笑國度的近距離文化觀察

泰國，
無法複製的風土滋味

2013 年底，生涯中第一次前進泰國，兩週之間，我與旅伴從曼谷搭著巴士遠征至北部拜縣，還在清邁跨了年。記得剛到曼谷前幾天我們穿梭在舊城車站附近的小巷弄，遇到一個阿嬤推著攤車，攤車上滿是好多種類、見過和沒見過的蔬果、配菜、醬料。我們兩人，不論身處國內國外，一直都是路邊小吃和阿嬤料理的追隨者，面對一車琳瑯滿目的新鮮食材與和藹可親的阿嬤，即便不知販售的是為何物，仍毫不猶豫地走上前向阿嬤比了個 1 的手勢。

阿嬤接下訂單，開始動作；切檸檬、擠汁，將青色小香蕉用彎刀切成小段，灑入我們叫不出名字的穀物、果子，再抓了幾隻銅板大的螃蟹，連同醬料在陶缽裡搗拌後，端出一碗如沙拉般的涼拌菜（至今仍不知它該如何稱呼）。一匙入口，辣、酸、澀、腥，多層次的滋味在口腔中爆開，雖然從小到大吃過不少泰式料理，但這般味覺的刺激絕對是生命中的第一次！我們一邊吃，一邊

喊辣，一邊噴淚（連平常嗜辣成性的我們都覺得太辣），一邊休息，一邊期待著將下一匙送入口中，如此停停走走竟也見了底，望著空空的保麗龍碗，甚至有股回味不及的惆悵。

之後，每造訪泰國各個城鎮，每被夜市或餐廳中的嗆辣涼拌（往往是青木瓜絲）醒腦一次，就越清楚這種道地的風土滋味絕對是無法複製的。而此後，偶有品嘗泰式料理的機緣，總不免感嘆其中就是缺了一種說不上來的刺激感，也許來自醃漬小螃蟹的腥臭，也許來自那些不知名果子的苦澀……一種只有買張機票回到當地才會出現的眼睛一亮。

泰國給我的驚奇，當然不止於這些路邊杵缽裡嗆辣，還有好多好多，一時之間難以筆墨。感謝立娟的觀察，不但重現了那些因文化碰撞不吐不快的時刻，也讓我發現，對於像我這樣去過不只一次，自以為每次都是深度走訪的旅人來說，還有好多新奇的事物是我未曾留心的。

不論你是否走訪過泰國，這本書可以是行前指南，也可是旅程的總回顧，因為立娟，我已迫不及待想著下一次的泰國行，而且要帶著書（或濃縮筆記）同遊，肯定能在各方面看得更細、吃得更開！

林宛縈

進入文字工作前在室內設計界走跳近五年，曾任 MOT ／ TIMES 編輯，因而結識立娟（是為文編生涯中接洽的第一位外稿作者）。現為草字頭國際內容總編、三貂ZINE 主筆，以及時常想要說走就走四處旅行但總是因家中兩隻毛孩而打消念頭的狗奴。

曼谷，
充滿強烈對比的城市

從準備、籌劃，到整本書撰寫完畢，也有兩年了。當初之所以想寫這本「曼谷生活文化觀察體驗」的書是因為，在異鄉求學、工作的那段期間（美國→蘇格蘭→新加坡共十餘年），總是有股衝動想去好好整理、記錄每天的生活和所見的不同文化，深怕這些無形的東西會隨著時空的轉變，慢慢地從我的記憶中淡去。

兩年前因另一半的關係從新加坡來到曼谷後，我終於有足夠的個人時間，也終於下定決心要用「寫書」的方式來認真看待。完成這件我一直想做的事（藉此，也期許自己注意生活細節、認真過日子、更加了解另一半）。

曼谷是個世界著名的觀光城市，國際旅客絡繹不絕的前來，不管是購物度假也好，或是拜訪歷史古蹟也好，大家似乎都能盡興而歸，甚至在心裡許諾下次的來訪。所以，在來到曼谷前，從來沒想過這邊的生活會有多麼不同，怎知？在脫離了觀光客的夢幻角色、真實進入在地生活之

後，才發現生活中藏有許多眉眉角角，有些新奇，有些甚至需要適應。

撇開最明顯的語言不談，現代摩登的城市外表底下，富有深厚的（尊王和佛教）傳統。曼谷生活中處處充滿強烈的對比，跟當地人（另一半除外）頻繁接觸後，亦發覺他們的觀念想法跟我（們）的不甚相同（詳情請看以下「導讀：我的曼谷 10 大驚奇發現」）。儘管我時常為此感到些許不易，但在此同時，這也促使我去思考、去查詢這些現象的文化歷史背景，試著去了解其背後原因。

然而，在撰寫的過程中發現，要大量地把心中的感受用文字真實又中立地表現出來，以及平衡較感性的經驗談和理性的資料，不是件那麼簡單的事（雖然這些年來一直有在幫文化設計類的雜誌和網路平台撰稿，但那些文章較屬單篇的伸論型藝文報導），所以戰戰兢兢地埋頭苦幹了一兩年（寫作真的是件很孤獨的事）。想說，等書真的完成，確定會出版後再跟親朋好友宣布消息。

今天，這本書得以開花結果，呈現在您的面前，也真是要感謝眾人的幫忙協助；感謝另一半對我的支持，好友 Penny 的牽線，靜遠編輯的引薦，RURU 編輯的指教，寫作路上第一位接觸的編輯宛縈的義氣相

助，家人的陪伴，感謝天。

很喜歡作家胡晴舫在《旅人》後記中的一段句子，「作為一個卑微的旅人，我沒有權利詮釋我旅行過的世界，我只能洞察、紀錄、理解、試圖參與，像其他旅人一樣，真實描述我所見到的世界……」同樣地，我也盡量把所看到、接觸到、理解到的體悟心得帶到讀者面前，另也穿插些所查詢到的文化歷史背景及親自拍攝的照片輔佐。

在本書中，您將會看到，這兩年來我在曼谷當地所觀察體驗到的生活文化奇異面（一至四章）以及驚豔面（五、六章）。當然，它們不是全部、不是絕對，也無學者專業，僅希望能讓您更認識曼谷在觀光景點外的模樣，了解在地人才知曉的生活眉角，豐富您的旅程。如果本書能對您的曼谷之旅有些小小的幫助，讓您有一點「原來如此，真有趣」的感觸，這將會是我繼續前進的最大動力。

姜立娟

2017 年 1 月，寫於曼谷公寓

導讀

我的曼谷 10 大
驚奇發現

想了解為什麼已故泰王普密蓬・阿杜德如此受到人民的愛戴？

▶ 第 1 章第 3、
第 4 篇

1・泰王時時放心中

　　兩年前（再度）來到泰國時，在街頭上所見到的泰王肖像讓來自不同國情的我感到新奇又震撼；而去年泰王九世普密蓬・阿杜德辭世時，泰國人民的真情流露，讓我真實見識和感受到了人民對泰王的尊崇。

想知道更多的出生代表色／吉祥色？

▶ 第 2 章第 2 篇

2・穿衣顏色大有涵義

　　回想當初剛踏入曼谷時，立馬覺得這個城市裡的色彩頗為豐富。食物、計程車，連當地人所穿著的服裝顏色都相當多彩。的確，據說受到印度教神話影響，一週的每一天都有一個代表色；已故泰王普密蓬・阿杜德在星期一出生，其代表色為黃色，因此以往每逢他的生日、登基紀念日時，全國上下就會穿著黃色來慶祝，並避免穿著有不祥之意的黑色。此外，婚禮所流行的吉利顏色跟我們常用的也有些不大相同。

3‧保持心靜，微笑才是王道

大部分泰國人相信「心靜」（jai yen yen）有助於社會和諧，因此心靜被認為是一項重要美德。心靜的人有禮貌，說話輕聲細語，行為舉止不急躁，選擇用微笑來面對人事物，而不輕易把真正情緒表現出來，這也許就是為什麼泰國有微笑之地（Land of Smiles）之稱吧？！

「心靜」還如何表現在其他生活層面上？

▶第 2 章第 5 篇

4‧佛教傳統深入生活，
　　不用到佛寺也可以很虔誠

泰國真不愧是佛教大國，生日和跨年時，人民也不忘到佛寺去捐獻、聽誦經文，祈求庇佑。然而，祭拜祈福並不僅侷限於在佛寺而已，泰國的住家、大樓前都設有小型神壇，供奉著每塊土地上的守護神。和尚跟大眾的生活亦息息相關，平日接受人民佈施，重大日子裡則前進民眾住所等處，為民眾誦經祈福。

佛教傳統還表現在哪些生活層面？

▶第 3 章第 1、
　第 3 篇

想知道真實的潑水節狀況？

▶ 第 3 章第 6 篇

5・曼谷當地人沒有想像中那樣瘋潑水節

　　因為小時候教科書上的一張圖片，總覺得潑水節是所有曼谷當地人期待參與的歡樂節日。但真正到這裡後發現，所接觸到的當地人好像沒有很瘋這個節日，自己體驗過後也大致了解其中之因。因為潑水節在這裡可是玩大的，在那個時候出門極為不便；去佛寺祭拜祈福，或待在家裡陪家人，又或趁著這連假出國遊玩，反而比較實在。

想認識常見粿條種類及瞭解如何點餐？

▶ 第 4 章第 1 篇

6・粿條其實更接近人民生活

　　來到泰國／曼谷之前，我所認知的泰國菜不出炒河粉、咖哩和酸辣蝦湯，但來到這裡，跟著另一半和公婆一同用餐兩年之後，才發現許多當地人在平日時其實更喜愛到麵攤、麵店吃碗簡單又美味的粿條。

7 · 天氣這麼熱，跑步仍頗為風行

雖然說「馬拉松／路跑」現在已成為了世界風尚，但我從來沒有料想過在天氣這麼炙熱的泰國／曼谷，跑步仍會這麼風行。全國上下馬拉松／路跑活動舉辦地頗為頻繁，不管是平日還是週末的早晨和傍晚，曼谷的公園裡總是聚集了許多認真練跑的跑者。

想知道更多當地人在公園跑步運動的二三事，以及曼谷公園奇景？

▶ 第5章第3篇

8 · 富手感的泰式設計小物充斥於生活中

獨特、富手感的泰式設計小物，其實蘊藏於生活細節中，不用特地到高級百貨公司或精品商店也可看到。它們也許看似平凡，卻也展現出了當地人的生活智慧及無比的人文溫度，提供文創設計者創作時所需之靈感與養分。

何處可以看到這些我所謂的平凡卻富手感和溫度的泰式「設計」？

▶ 第5章第2篇、第6章第2篇

9‧泰式按摩更保存了傳統醫學[1,2,3,4]

如同蓬勃的文創發展保存了（手工藝）傳統，隨著觀光業的發達而盛行的泰式按摩，也使這傳統「醫術」得以保存下來。據說泰式按摩為2500多年前釋迦牟尼佛身旁的御醫所創，後來由佛教僧侶帶來了泰國，相關知識大多存於佛寺中。

源於古印度的泰式按摩也融合了其他古老醫學精華。藉由按摩師傅幫忙被按摩者做不同的「瑜伽」姿勢，讓被按摩者身體各部位得以被伸展，受壓的「穴道經絡」也可被按摩到（聽說有些地方按摩師傅還會用踩的，或用按壓熱草藥球的方式來進行）。除了放鬆身心之外，許多資料也顯示，泰式按摩還可以增進體內器官運作和血液循環、提升免疫系統等等。

這麼多正面療效，再加上價格公道（兩小時大約在 500 泰銖上下），大多數遊客到泰國都必

來個正宗的泰式按摩，好好紓壓一下。因此，泰式按摩店深入曼谷大街小巷，尤其是觀光區。

　　然而，其實泰式按摩不是一直都這麼熱門，它曾一度因為西醫的興起而式微；所幸泰國政府方面頗重視此一傳統的保存推廣。例如，1955年時，全泰國第一家經由官方認可的傳統醫學及按摩學校，在自古以來就是醫藥相關知識中心的臥佛寺（Wat Pho）內設立，培育了不少專業人員。現在更因觀光旅遊業的發展，得以將其延續、發揚光大，甚至還衍伸出了講究空間裝潢設計和氛圍的高級spa服務，精油等香氛產品也連帶紅了起來。

10．男扮女裝很平常[5,6,7]

　　泰國「人妖」響名國際，為許多人了解泰國的突破點（人妖／變性人在泰文為 Kathoey，據說源於高棉文字，意為不同，原指未得到社會認同的非主流性別／性向，後來才演變為只限於變性人）。像是芭達雅的 Tiffany Show，就是許多旅客到泰國必訪的。但其實，日常生活中，時常可以看到「男扮女裝」的情景，尤其在時尚、美妝、娛樂和服務業，當地人早已習以為常、見怪不怪。

　　他們有些還是男兒身，只是舉手投足間會帶些女人的柔美氣質，或會上點妝，有些則是已成了女兒身，外表和穿著打扮都相當女性化，甚至比一般女性還妖嬌、美麗動人，讓人很難分辨。不時更有已變成女兒身的變性人跟男性，或跟男性化的女同志結婚的新聞傳出。

　　為什麼泰國的變性文化這麼盛行，大家眾

說紛紜。有人說，是受到印度「閹人」（類似中國的太監）文化影響；有人說，是因為佛教認為變性人是因其前一世所犯下的罪孽所致，因此對其採取較包容的態度。也有人說，是因為泰國人天性輕鬆幽默，覺得變性人的身分頗有趣味，所以不至於太輕視他們或去刻意禁止這樣的情形。後來興起的變性手術、國際皇后小姐選美比賽（Miss International Queen）等等也都使變性人（在國際上）更為大眾所熟悉，像是日本知名變性藝人春菜愛在 2009 年於泰國奪得國際皇后小姐的后冠後，演藝生涯不但隨之開啟，身分也更受到社會大眾認同。

的確，能主宰自己的人生是件幸福事，泰國相對來說較包容的態度，至少給予了變性人一個選擇的空間，較可以不受異樣眼光過日子。

contents 目錄

contents 目錄

Chapter 1

泰震撼

曼谷第一手接觸，感受大不同

什麼？
你住曼谷！

從來沒有想過「曼谷」會是我第二個家。

小時候跟家人到普吉島旅遊一次後，就再也沒來過泰國了。直到去紐約念書認識了泰國華人（Thai-Chinese）＊的另一半後，才有轉變；經歷了六年的愛情長跑，我們終於決定在曼谷定下來，算算時間，我在這個城市也滿兩年了！

近來，泰國的發展是有目共睹的，曼谷更是個當紅不讓的旅遊勝地，吸引不少國人前來遊玩，市面上也不乏介紹曼谷「熱門旅遊景點」的

有著摩登、現代一面，也有落差極大一面的曼谷，截然不同的人生故事在此上演著。

文章、書籍、部落格等等。儘管大家都已差不多知道泰國不再是我們印象中的勞工出國，曾歷經政變的它在軍政府的領導下也算是國泰民安，但是，論真的「居住」在此，似乎還是會引發大家的好奇心，常常有朋友問我：「曼谷，怎麼樣？」一臉看好戲的打探。

有看到電線桿上雜亂攀纏的電線嗎？為了安全和美觀，聽說它即將地下化。

　　說實話，我覺得曼谷真的是個很有趣的地方。表面上它非常的摩登現代，有著與國際接軌的高級購物中心、與世界同步的流行、出色的文創，是觀光血拼的好所在；即使地鐵系統尚未像台北的一樣四通八達但也算便利。

　　在如此的前提之下，很難想像它會有落差極大、需要適應的「另一面」。比如，城市規劃趕不上發展的迅速，新舊建築參差不齊地穿插在城市的各個角落；塞車問題嚴重，尤其是上下班時，沒住在捷運附近必須開車代步的人，早早六點就要出門，回家則要避開五至七、八點的尖峰時間，才不會被卡在車陣中；人行道上的磚塊常常東裂一塊西裂一塊，走路一不小心，底下的積水就會濺到腳上；排水設施不佳，一下雨就會淹大水，

路邊攤也是曼谷的「特色」
之一。

造成人民生活不便；眾多的小吃攤以人行道為家，影響行人通行，還會將剩下的湯、食材丟棄在路邊*，影響城市整潔衛生；電線雜亂無章地攀纏在路邊的電線桿上*，有礙觀瞻；蚊蟲繁多，乾淨的家裡總有螞蟻爬來爬去，原本白嫩的雙腳卻變成紅豆冰……如此種種不僅有損市容也降低了人們的生活品質。

此外，宗教、尊皇等「傳統」深入當地生活，讓這個看似現代的城市又多了一股神秘感。

截然不同的故事也在這個城市上演著。曼谷擁有大批的外來人口，平凡的日子裡在捷運上、市區裡撞見外國人早已不足為奇。除了觀光客外，他們有些是被外派來此工作的，有些是來養老的*，有些是專門來投資房產的*，這些人的消費能力相對來說較高，因此視曼谷為度假天堂，在此輕鬆地享受高級服務設施。

反觀，為生活努力打拚的大批當地中產階級消費能力卻有限，只能謹守本分地過著平民小日子，更別說為國家建設貢獻良多、幫傭的緬甸和寮國移工了，僅能勉強棲身於此。

種種的人文現象無可避免地造就出視覺感官上的衝擊，不過若從另一角度思考，這似乎也代表著這個城市仍有發展進步的空間；看著路邊小販日日頂著大太陽緊守崗位，在夾縫中求生存，一股向上的生命力、希望之感油然而升。據說，泰國的企業大亨 Charoen Sirivadhanabhakdi 的父母就是靠在中國城擺攤起家的呢！[1]

　　在國際上，泰國也正在崛起，並形成一股不容小覷的新興力量。除了發展亮眼的創意、觀光產業外，有著「東協心臟」＊之稱的它地處要位，許多媒體包括報章雜誌都看好泰國未來的（經濟）發展[2]，如此的背景將帶給曼谷什麼樣的轉變尚未知曉，不過此時此刻、我所看到的曼谷，傳統與現代兼容，文化上富有許多新鮮、令人驚豔、甚至「奇異」的一面，非常值得捕捉下來，介紹給大家。

泰國華人（Thai-Chinese）

移民至泰國的華人，或是因為祖先移民至泰國，因此身上有著華人血統的泰國人。早在漢代時就已有華人到達泰國。[3]

路邊攤

政府深知路邊攤／夜市影響行人和市容，所以已計畫了一連串的移除動作。[4]

雜亂攀纏電線

最近（2016 年七月）泰國政府決定將電線「地下化」，除了美化市容外，也可避免電線桿因超載而倒塌。[5]

外籍養老人士

因為泰國的氣候溫暖、消費相對較低廉，再加上泰國政府有提供「退休簽證」，所以許多歐美、日本人士來此養老，也時常可以看到外國男和泰國女「老少配」的情景。

- -

投資房地產

泰國的房價跟許多國家相比，像是台灣，算是比較便宜的，所以許多國人來此投資置產，也有台灣房屋仲介業到此設點，專門帶台灣人在曼谷看房，處理銷售，以及銷售後的事物。

- -

東協

東南亞國家聯盟（簡稱「東協」，英文為 Association of Southeast Asian Nations, ASEAN）包括泰國、印尼、馬來西亞、菲律賓、新加坡、文萊、柬埔寨、寮國、緬甸、越南，於 2015 年 12 月 31 日正式上路。[6]

2

你認識
泰國／曼谷嗎？ [1,2,3]

泰國小檔案 ·················

▌**國徽**　一個半人半鳥，名為 Garuda 的神話動物。傳說它為印度神話中 Phra Narai 的御用坐騎，又因古代泰國人相信泰王為 Phra Narai 轉世，所以用 Garuda 做為國徽和象徵王室的標誌，在政府機構的大樓上都可看到，又，若民間企業能獲得此標誌是件非常光榮的事情。

▌**代表動物**　白象。

▌**季節氣候**　熱帶氣候；大致上分為熱季（二月到五月）、雨季（五月到十月）、涼季（十一月到二月）等三個季節，年平均氣溫大概介於 18 ～ 34 度間。

▌**人口**　2015 年估計約有 67,959,000 人（以泰族為主，擁有華人血統的泰國人估計佔有人口總數的 14%）。

▌**面積**　513,120 平方公里；約 14 個台灣大。

曼谷小檔案 ••••••••••••••••••••••••••••••••••••

▌**真正名稱**　　Khrung Thep，它的全名來自：Krung Thep Mahanakhon
　　　　　　　　Amon Rattanakosin Mahinthara Yuthaya Mahadilok Phop
　　　　　　　　Noppharat Ratchathani Burirom Udomratchaniwet Mahasathan
　　　　　　　　Amon Piman Awatan Sathit Sakkathattiya Witsanukam Prasit.
　　　　　　　　其意為：天使之城，宏偉之城，永恆的寶石之城，永不可
　　　　　　　　摧的因陀羅之城，世界上賦予九個寶石的宏偉首都，快樂
　　　　　　　　之城，充滿著像似統治轉世神之天上住所的巍峨皇宮，一
　　　　　　　　座由因陀羅給予、毗濕奴建造的城市。

▌**建城年代**　　1782 年，泰王拉瑪一世時。

▌**地理位置**　　泰國中部心臟地帶，昭披耶河下游。

▌**曼谷地區面積**　1568.737 平方公里（其內分有五十區）。

▌**曼谷地區人口**　5,686,252（2013 年數據）。

地理分區 ••••••••••••••••••••••••••••••••••••••

▌**中部平原**

共有 21 府（「省分」在泰國稱為「府」，此 21 府不包含直轄市曼谷），是
農業、製造業、商業等各大產業活動中心，為全泰國最富裕、最多人居住的
區域。

▌**北部及西部山區**

北部有 9 府，西部有 5 府，其中些許山脈為河流源頭；另外，不少部落居住
在此，現在農業及觀光業發達。

▌**東北高地**

共有 20 府，因氣候和地質關係，此區不適宜耕種農作物，被認為是泰國最
貧窮的區域，並以伊森（Isaan）方言出名。

▌**東部及南部沿海地區**

東部有 7 府，南部有 14 府；南部半島與馬來西亞相鄰，其最窄部僅有 25 公
里，許多著名海灘及島嶼都位於此。

泰王時時放心中，
肖像無所不在

這篇文章寫於泰王普密蓬‧阿杜德（King Bhumibol Adulyadej）拉瑪九世陛下逝世之前，所以這邊提到的「泰王」會是「已故的泰王普密蓬‧阿杜德」，所提及的情況也是他生前所發生的。

　　直到現在，我對於五年前再度來到泰國時所看到的「泰王肖像」仍記憶猶新。即使現在這已是生活的一部分，但當時那份震撼卻一直存在我心頭。

　　來過曼谷的朋友一定知道，在出了蘇凡納布國際機場，通往市區的沿路上，有許多大型、鑲有金框裝飾的泰王（已故泰王普密蓬‧阿杜德拉瑪九世陛下）肖像。雖然在來之前，我已略知泰

國有悠久的君主傳統，也了解人民對皇室有一定的尊崇，可是我壓根沒想過會目睹如此「神聖莊嚴」的景象。

原以為這是因為機場乃國家門面的關係，不過，深入當地生活後發現，泰王（和王后詩麗吉）肖像無所不在＊，而且經常可在路上或餐廳裡看到，很多人的家中也會擺放他的照片。探悉其他細節，也可知曉人民對泰王和王室的尊敬和愛戴。

2014 年泰國國家足球隊與馬來西亞爭奪東協冠軍時，前半場一直沒進球，聽說後來皇室方面有致電加油打氣，球隊的士氣因此而振奮了起來，並在下半場扭轉了局勢，贏得了冠軍，在頒獎典禮上，球員高舉著泰王肖像，謙遜地把榮耀呈現給泰王；2015 年時，為慶祝王后及泰王生日（亦為泰國的母親及父親節），政府先後發起了 Bike For Mom 和 Bike For Dad 騎車活動＊；儘管主要活動在曼谷舉行，全國各地，甚至海外也有舉辦呼應活動，民眾紛紛熱血地響應（據官方統計，全國上下，加上旅居海外民眾共有二十多

泰國人民極敬愛皇室，街頭上常可看見泰王拉瑪九世和王后詩麗吉陛下的肖像。

餐廳和公婆家中所擺放的泰王與王后照片。

萬人報名參與 Bike For Mom [1]、六十多萬人報名參與 Bike For Dad 活動[2]），用行動來向泰王及王后致意。

來自不同國情的我，面對這樣的現象，難免好奇地問另一半：「為什麼你們對泰王如此敬愛？」詢問、得到答覆後，自己也做了一些功課，原因大致是這樣的。

首先，泰國在七百多年的歷史中，共歷經了四個王朝，人民對君王自然由衷尊敬。再來，卻克里王朝（Chakri，現今的王朝，也就是第四個王朝）的泰王拉瑪五世、泰王拉瑪九世對國家發展有極大的貢獻，使人民信服於他們的領導。

拉瑪五世朱拉隆功從小接受西式教育（電影《安娜與國王》裡來自英國的「安娜」就是他的老師），並致力於泰國的西化，十九世紀時還親

自搭船前往歐洲拜訪結盟，確保泰國在英法殖民屬地爭奪戰中保持獨立；另外，他也廢除奴隸制度，派遣皇室和優秀人才赴歐美留學，為現代泰國的根基奠下基礎[3]。其功勞之大，到現在，人民仍會供奉他的照片甚至銅像 *。

拉瑪九世普密蓬·阿杜德出生於美國，後來隨母親移居瑞士，在求學過程中攻讀過工程、社會學、音樂等領域[4]。自 1946 年即位，在位有七十年之久，在 2016 年 10 月逝世之前為全世界在任時間最長的國王及國家元首。

已故泰王普密蓬·阿杜德之所以如此深得人心的最主要原因是，他總是用行動證明對人民的關心。年輕時他經常躬親遍訪偏僻貧脊村落，了解民生疾苦，在許多史料圖片中，他總是背著相機，認真傾聽紀錄著。

由於當時農業為泰國經濟根基，他於是在自己的王宮（Chitralada Villa）中設置農場、工廠 * 進行農、畜牧、養殖業實驗研究，把相關知識技術傳授給農民，並將所研發出的產品介紹給泰國人民；為了幫助泰北山區的農業發展，他則成立

（左）餐廳中供奉的拉瑪五世圖像。

（右）公寓大廳中所供奉的拉瑪五世銅像。順帶一提，泰人喜歡供奉花串（泰文為 Phuang Malai），茉莉花搭配玫瑰花（白色），以及萬壽橘（黃色）最為常見。也可送人、或掛在車子的後照鏡上，有尊敬、好運、祝福之意。送人最好用白色的，其他用途白、黃都可以。

2016 年的六月九號是泰王拉瑪九世在位七十週年，依照慣例在這天全國上下都有慶祝祈福活動。著名的 Siam Paragon 百貨辦了一場蘭花饗宴，展出泰王相關歷史照片。左圖為入口的標識，其內左右兩個高標誌分別代表泰王和王后的皇徽。

了「皇家計畫」*，與清邁大學合作，教導原本只懂種鴉片的當地村落居民如何永續種植稻米、溫帶蔬菜水果等等。不但如此，更全面買下他們所種植收成的農作物，加工後賣出*。這種先進的「自給自足、永續發展」概念，使他在 2006 年時獲得聯合國首度頒發的「人類發展終身成就獎」（Human Development Lifetime Achievement Award）！

　　再者，他總是適時地出面調停政變*，使國家能夠快速穩定下來，因此在人民心中扮演著重要的精神支柱角色。在任期中，他經歷了好幾次政變，其中最為人稱道、最經典的是他在 1992 年「黑色五月事件」中的睿智處理。在此次的軍事政變中，蘇欽達將軍沒有經由人民同意出任首相，不滿的民眾紛紛上街抗議遭到軍方鎮壓，造成眾多人民傷亡、失蹤等等；在如此危急的情形下，泰王因而介入，召見蘇欽達、民眾示威首領，平靜地跟他們說，「這個國家不屬於一個或兩個人的，而是大家的。人在爭鬥時，只顧著輸贏，然而真的會有贏家嗎？不會的，若國家因此而被

毀滅，每個人都是輸家[5]。」兩首領匍匐在泰王面前聆聽國王教誨，隨後這場政變立即結束，國家也得到了安寧。

他的藝術涵養亦贏得民眾的尊崇並縮短了與人民間的距離。酷愛爵士樂*，並曾譜了許多廣為流傳的優美樂曲；喜愛攝影、繪畫，每到新年時還會親手製作卡片寄給屬下……

既然人民如此地尊敬與愛戴泰王，當然不樂意見到任何人對泰王和其他皇室成員有所不敬，政府因而訂立了《冒犯君主法》，若因指責、影射、諷刺輕蔑皇室成員（甚至是泰王的愛犬）而觸犯此法，很有可能會面臨有期徒刑；最可怕的是，連外國人都不能倖免！曾任路透社泰國新聞副主任的安德魯‧麥格里高‧馬歇爾，由於在其著作《泰王的新衣：從神話到紅衫軍，泰國王室不讓你知道的祕密》*中批判王室而遭泰國通緝，這本書在泰國也成為禁書；2015 年還有一名泰國男子因諷刺泰王的愛犬「通丹」而遭判刑[6]。

所查詢到的這些資料，加上在這兩年的曼谷生活，讓我慢慢理解了泰王對人民和國家發展的

偉大貢獻；他不僅勤於國事，也相當多才多藝，
難怪這麼深獲人心。雖然很多事情還是只有當地
人才能確實感受到，我們外人就盡量試著體會
吧！

泰王巡視民間的照片被作成月曆的封面。

泰王、王后肖像

泰王和王后育有一子三女,所以有時在路上、餐廳裡,或個人家中也可看到王子和公主的肖像。

拉瑪五世朱拉隆功大帝

曼谷舊國會大廈前的廣場(Royal Plaza 或 Equestrian Plaza)上矗立著拉瑪五世朱拉隆功大帝銅像,人民常到此獻花致意。也因他對國家的功勞,人民把他視為神,常到此請他庇佑,也有人會隨身攜帶刻有他肖像的護身符。

Bike for Mom、Bike for Dad 騎車活動[7]

王后和泰王的生日分別為八月十二日和十二月五日,活動則分別在 2015 年八月十六日、十二月十一日舉行。

王宮中設立實驗農場、工廠[8]

所研發出的產品包羅萬象,包括米、乳製品、菇類、蠟燭等等,並銷售於市面,其中的牛奶片和蜂蜜最受台灣遊客歡迎,詳情請看第 227 頁。

皇家計畫[9]

1969 年泰王普密蓬陛下為改善泰北山地部落生活品質、水土資源等而成立的。1992 年時改為皇家計畫基金會,主要在清邁、清萊、南奔、湄宏順、及帕夭等北部五府推行,共有 38 個發展中心。

買下農作物加工後賣出[10]

例如 Doi Kham 品牌，其主要產品為水果加工品，例如果汁、水果乾、果醬、水果罐頭等，也有豆漿、米、香料等其他產品，店面遍佈泰國各地，詳情請看第 229 頁。

調停政變

泰國憲法規定國王不能干政，但可以在適當的時候可以做最終仲裁者，而人民自然也會尊從泰王的指示。

爵士樂

已故泰王普密蓬‧阿杜德生前才華洋溢，曾獲奧地利音樂學院音樂博士學位，有相當高的音樂造詣，是個出色的爵士樂家，不僅會演奏，更創作了許多爵士樂曲。

《泰王的新衣：從神話到紅衫軍，泰國王室不讓你知道的祕密》

作者：Andrew MacGregor Marshall，原文書名：A Kingdom in Crisis: Thailand's Struggle for Democracy in the Twenty-First Century；此書在泰國被列為禁書，中文版為麥田出版，請讀者切勿攜帶本書入境泰國。

4

〔特別記錄〕

泰王普密蓬・阿杜德陛下
辭世的 30 天觀察

　　全世界在位時間最長的君主泰王普密蓬・阿杜德於 2016 年 10 月 13 日星期四辭世，享年八十八歲。儘管近年來健康情況不佳的消息時有耳聞，也鮮少公開露面，泰國人民對他的與世長辭仍都不太能接受。

　　記得 10 月 13 日那個晚上，大約七點左右收到泰王普密蓬・阿杜德去逝的訊息，接著下來就是一連串的應對動作。政府方面忙著發佈相關官方消息（有關繼位、國喪規定）人民則陷入哀傷，大批人潮湧入泰王普密蓬・阿杜德陛下逝世時所在的西里拉醫院（Siriraj Hospital）前守候著，抱著他的照片淚流滿面，並真心祈求奇蹟發生，無能前往的人則在電視機前守著，看著他生前的記錄影片，另一半就一面收看一面憂傷地說著：「我實在不能相信這真的發生了……」

這肯定是件十分哀傷的事，尤其泰國人民如此尊崇已故的泰王普密蓬・阿杜德，加上另一半竟出現了我從未見過的愁苦表情，以及電視畫面裡民眾的傷心欲絕，不過我似乎無法百分百體會泰王的辭世。就在這個時候，我剛好看到一支網路影片，CNN 記者訪問一位泰國民眾泰王普密蓬・阿杜德陛下對她的意義為何，她說：「他不是神、不是坐在城堡裡享受榮華富貴的國王，而是我們的爸爸，一個每天辛勤工作、想把最好的給孩子的爸爸……[1]」從這簡單卻充滿情感的回答中，我終於可以了解：自己敬愛的爸爸過世，當然無比難過。

隨後，整個世界瞬間變得黑白！電視、網站畫面變成黑白；在臉書等社群網站上，泰國友人的個人貼圖顯示部分也變成黑白色或是黑色方塊，並紛紛在個人時間軸中放上泰王普密蓬・阿杜德生前照片；政府亦規定為期一年的國喪期間，政府官員需著黑衣一年，一般大眾一個月[2]。

隔天（10/14）早上，另一半跟大多數泰國人民一樣心情低落，無心上班。想到住家旁的報

攤買份報紙留念，結果報紙（連英文報也是）早被搶購一空；出門看到沿路的泰王普密蓬·阿杜德肖像逐一被換成黑白的。大概早上九點半左右，政府宣布這天為國定假日，而因為當天下午五點左右，泰王普密蓬·阿杜德遺體將移至大皇宮的玉佛寺[3]，許多人趕忙離開公司，到醫院前，或運送車隊會經過的路段，或大皇宮前就定位，送他最後一程。

從新聞畫面上可以看到，大批人群頂著太陽，穿著黑色服飾，持著已故泰王普密蓬·阿杜德圖像或雙手合十有耐心地跪坐在路邊等待。我們家則是在晚間到達大皇宮前，即使已晚上十點半了，還是有很多人聚集在宮前，不少好心的民眾甚至特地開車過來分送免費的飲料及餐盒（對他們來說，大家都是父親的孩子，互相照顧是理所當然的），令我頗為感動。

在這之後，數以萬計的民眾持續地來到大皇宮（前），不管天氣好壞、不論居住的遠近都無法阻撓他們，即使住在外府，也會千里迢迢、不辭辛苦地專程趕來。10月20日前，許多人到大

（上）民眾跪在大皇宮前、點蠟燭哀悼。
（右）路上原本彩色的泰王肖像換成黑白的，肖像上為泰王皇徽。

皇宮的 Sahathai Samakhom Pavilion 內簽名留言哀悼[4]；10 月 22 日當天，成千上萬的民眾聚集在大皇宮的廣場前（Sanam Luang）一同合唱頌聖歌，全程有交響樂團伴奏並錄影，此刻將被用作那段時間電影播放前的《頌聖歌》影片[5]；10 月 29 日開放民眾瞻仰拉瑪九世靈柩後，湧入了更多的民眾，原本一天只限 1 萬人進入並限時早上八點至晚上九點，但因人數實在太多，政府只好改變原來的計畫[6]，而且聽說若想順利進場，一定要從前一晚開始排隊。

看新聞報導，一名 84 歲的老婦人就說：「我凌晨一點就來排隊了，對於能來到這向已故的泰王普密蓬·阿杜德陛下致敬我感到相當榮耀，心情相當激昂。」另一位大學生則說：「到這對已故的泰王普密蓬·阿杜德陛下致意是一分光榮的義務。」誠如她們所說，大家只要想到能近距離地向所敬愛的泰王陛下獻上最真誠的敬意，這些都不算什麼，再辛苦、等再久都值得。

在這段時間裡，其實不管在曼谷的哪個角落，都可感到哀悼追思之情。娛樂和節慶活動須

（左上）百貨公司入口處所擺放的簽名留言本。

（右上）百貨公司、銀行等機構紛紛回應，分送免費黑絲帶給大眾，路上也有好心民眾免費發送黑絲帶，沒穿黑衣時我就佩戴著如此的黑絲帶。

（左）雜誌刊物紛紛用泰王照片作為封面。

（下）路上張貼的泰王生前事蹟畫作，出自泰國藝術家 Suwit Jaiporn 之手。

暫停，播放的電視節目也只能跟已故泰王普密蓬‧阿杜德有關，並會定時播出大皇宮玉佛寺內的誦經儀式實況；捷運車廂內的動態廣告變成泰王普密蓬‧阿杜德生前記錄影片，站內亦充斥著黑白悼念告示；百貨公司入口處擺放著簽名留言本，供民眾致意，其內的背景音樂變成泰王普密蓬‧阿杜德生前所作的樂曲，商店櫥窗裡的展示變了樣，只剩下黑色服飾。

因應時局的黑色服飾還引發了一則插曲。網路上流傳這樣一則消息：一名泰國女子因沒穿黑衣而遭旁人側目，她連忙解釋目前沒錢購買新衣，等薪水下來後一定趕緊去買！旁人聽了於心不忍，掏出兩百泰銖給這名女子去添購衣服。此事件傳開後，大家比較不會去批判沒穿黑衣的人了，政府也呼籲大眾沒穿黑衣的人不代表他們不存尊敬的心，可能有其他原因，請大家彼此體諒，沒有黑衣或沒能買的人，在胸口或手臂上別黑色絲帶即可，在這個非常時刻，大家更是要維持和平[7]。

這一切一切都讓我真實見證到了泰國人民對泰王的愛戴。

　　的確，在位有七十年之久的已故泰王普密蓬・阿杜德可不是個神話人物，他像個慈愛的父親一般，對國家的安定和發展貢獻良多。儘管他的辭世讓人非常難過，不過重要的是，此事件似乎讓泰國人民更加團結了，除了之前提到的分送免費飲料餐盒、救濟窮人添購黑衣外，還有（摩托）計程車免費接載客人前往大皇宮，醫生、護士也義務服務大皇宮前的大批民眾等等；不僅是當地人而已，連外國人也紛紛響應加入善舉，例如分送食物和黑絲帶、自費修路。在傷心之餘，很多人也不免擔心泰國未來的發展，我不是政治評論家，只能誠心希望泰國人民的這股令人動容的強大力量會引領她繼續走向光明。

國喪 30 天之間，報章雜誌中大部分內容都與紀念已故泰王普密蓬·阿杜德相關，有些刊登他生前到各地巡視的照片（兩張黑色圖片，上圖取自《Hamburger》雜誌，2016 年 11 月 9-15 日，下圖取自《a day Bulletin》雜誌，2016 年 10 月 31 日），有些刊登他多才多藝的一面（吹奏薩克斯風圖片，取自《Hamburger》雜誌，2016 年 11 月 9-15 日），有些則是民眾悼念他的情景（右下圖，取自《Siamsport Daily》報紙，2016 年 10 月 20 日）。

左下圖為二度推出的泰王紀念鈔票，以供民眾留念；右下圖則為民眾用蠟燭排成泰文的「九」，因為已故泰王普密蓬·阿杜德為拉瑪九世；在整個國喪期間，九為相當重要的紀念符號，常被拿用使用。（圖片取自《Siamsport Daily》報紙，2016年10月20日）。

泰王逝世其他重要紀事（2016年）

10月28日	聯合國大會向辭世的泰王普密蓬·阿杜德舉行默哀儀式。
11月1日起	大皇宮重新開放人民、旅客進入參觀。
11月13日	逝世滿30天，大眾齊聚西里拉醫院前悼念。
11月14日起	國喪滿30天，節慶、娛樂活動、電視節目將恢復往常，但會盡量低調；一般民眾可以不用穿黑衣，但要盡量以素色為主，太鮮豔的就不太適合。
12月1日	王儲瑪哈·哇集拉隆功（Maha Vajiralongkorn）在這天接受國會邀請繼承王位，成為泰王拉瑪十世，聽說加冕儀式需等到已故的泰王普密蓬·阿杜德遺體火化後才會進行。

什麼！
計程車也有「兩輪」的？

　　在曼谷，計程車也有「二輪」的！走在曼谷街頭，你一定常可以看到身穿橘紅色背心的摩托計程車司機，在巷弄內、人行道上騎車穿梭（摩托計程車泰文 motorsai rabjang）[1]。

　　據說，摩托計程車已存在於曼谷有三十多年之久，且全國高達半數的摩托計程車都集中在此。以我觀察，這大概是因為曼谷的巷弄（泰文 soi）通常很長，位在其內的住宅、公寓距離主要道路或公車站、地鐵站有點遠，如果用走的話要花很多時間，但這距離又沒遠到要坐四輪計程車，再加上巷弄內來往的車輛、擺攤的小販使行人必須東閃西閃，無法好好行走，於是主要提供「短程」載客服務的摩托計程車顯然為最佳解決方案。在市區車輛擁擠的地方，摩托計程車則可以提供更快速的服務。

　　司機大哥們通常聚集在巷口、地鐵站口等待客人，一週七天都有，我家附近的大概從早上六、七點就開始，一直到晚上九、十點，有些地

方聽說 24 小時都有。如果想搭的話，只要走過去跟司機說你要去的地方，就可以馬上上路，上下班時間因為需求較高，所以可能要稍作等候。收費會依所位在地區的貧富和目的地遠近而有所不同；一般來說，「站」前都會張貼泰文價目表，大概從一、二十泰銖起跳，建議出發前先跟司機確認，在觀光客多的地區，司機應該可以用簡單的英文溝通。

摩托車在台灣也很盛行，所以騎坐摩托車對我們而言一點都不稀奇。比較不同的是，在這裡女孩乘坐「摩托計程車」時大多是「側坐」的，不管穿著裙裝還是褲裝都一樣。據我的觀察，跨坐的情形好像比較常發生在搭乘熟人的摩托車時，所以坐姿似乎代表關係的深淺？！因為不擅長側坐，而且我幾乎都穿褲裝，所以我很自然地像在台灣一樣用跨坐的，不過不知道為什麼第一次搭車時司機似乎有點被我的舉動嚇到，臉上露出不自然的表情，我想他當時心裡的 OS 可能是「這個女生真是不淑女……」？

除了在定點等摩托計程車外，目前在曼谷還

聚集在住家附近的摩托計程車。黃色的車牌、附有營業執照和印有編號的橘色背心很好辨識；他們還合養了一隻小白狗做伴。

（上）市區裡的一摩托計程車站。可以看到站前有一個價目表，有人在詢問司機價格，以及側坐的女乘客。大多數摩托計程車大多只載一名乘客，很少看到「三貼」的情況。雖然在泰國騎機車戴安全帽的風氣不是那麼盛行，不過泰國的確有法律規定機車騎士和乘客都必須戴安全帽，如果司機沒有主動給你，一定要記得跟司機索取，以保護自身安全，也可避免被罰款。

（下）泰文價目表近照。

可以利用 Go Bike APP 以手機叫車。看報導，這是泰國第一個受到政府認可的摩托計程車 APP，因為底下的司機都有註冊，擁有專門的駕照和黃車牌[2]；只要輸入起點和終點，就可以先計算出費用，收費標準依照陸路運輸廳（Land Transportation Department）的規定，不用擔心被坑錢，而且目前尚未收任何額外的服務費。此外，還可以在手機上追蹤司機所在位置，方便準備。2016 年五月甫推出的它還算受到民眾喜愛，新聞指出，現在已有 2 萬人下載[3]，發展看好。

話說回來，即使摩托計程車服務對乘客來說很方便，但對於行人而言卻有點惱人，因為司機大哥們總喜歡行駛在人行道上，行人時常常要閃躲。加上，若住家在巷口，有摩托計程車隊長期駐紮，家門前總有種雜亂感。事情真的是一體兩面，對某些人有益的東西，對另外一些人不見得如此，不過既然有這麼多人可以因此獲得便利，也就牽就點吧！

橘色、粉紅色、
藍色、綠色，
繽紛的四輪計程車

　　既然說了摩托計程車，也稍微來講一下「四輪」的計程車吧！來過曼谷的人，應該都會對計程車的豐富色彩印象深刻。

　　在我們的心目中，「小黃」就是計程車的代表，不過在泰國，除了黃色外，計程車還有綠黃相間、橘色、粉紅色、藍色、綠色等等。一開始我相當好奇這些顏色所代表的意思，查詢之下才知道，原來黃綠相間的計程車是司機私人擁有的，而其他顏色的是司機跟車行租借的[1]。有人說黃綠色計程車的服務較好，因為車子是司機自己的，不過這也不是絕對。

　　在台灣，我們都會尊稱司機為司機大哥，在這也是，一般人皆尊稱他們為「P'」（泰文發音為 pêe，表尊敬之意）。這邊的司機大哥可真的是「大哥」，相當有個性，即使有人招車，也不見得照單全收，可能會因為不順路或任何原因拒

載。所以，上車前一定要先開車門告知要去的地點，徵求司機大哥的意願，要等他們同意了才能上車；如果他們搖頭的話，就只能乖乖地等下一輛了。相較之下，台灣的司機大哥真的好好喔！這邊的招車方式也有點不同，在台灣，我們通常把手高舉，好被注意到，但「低調含蓄」的曼谷人，卻是把整隻手臂垂直伸出、手掌向下做微微晃動狀而已。

　　曼谷計程車吸引人之處莫過於它的收費了。按錶計費，從 35 泰銖起跳，比台北便宜許多。舉例來說，在離峰、沒有塞車的時段（晚上九、十點左右），約 13 公里的路程大概只要 120 泰銖。儘管很便宜，但我也不敢隨意搭乘，因為曼谷塞車情形嚴重，不知道何時會被困在車陣中。在市區外，若從機場出發（經由機場櫃檯辦理、有發給單據），要多付 50 泰銖的服務費；還有，在高速公路上會遇到要收過路費的情形，司機會當場跟乘客請款，這是正常情況，別嚇到了。

表示空車的亮燈計程車停在路邊；圖中身穿白上衣的先生有招車，但是司機似乎不願意載，所以他只好等下一輛了（左邊牆面上還留有去年 Bike for Dad 宣傳廣告）。

　　儘管多數司機都是好人來著，不過，司機騙（觀光客）錢的事也時有耳聞。例如沒有按錶收費、多繞路以收取更多車資、少找錢，亦曾聽說過在計程車上發生的社會案件。還好，現在有 APP 叫車，有記錄比較安全有保障。在曼谷常見又合法的有 Grab Taxi [2]，以及 All Thai Taxi [3]；只要輸入起點和終點，司機就會在短短幾分鐘內到達（當然也是要視當時交通狀況），起價一樣是 35 泰銖，但要多付預定費用（20 至 45 泰銖不等）。Uber 在泰國也有，但因司機通常沒有註冊並裝上代表大眾交通運輸工具的黃車牌，所以還不算是合法的[4]。

　　對我而言，比較擔心的是語言，因為我的泰文不是很溜，司機大哥的英文也不見得很輪轉，尤其在觀光區外。依照經驗，建議大家事先請教友人想去地方的泰文怎麼說，或是把泰文地址準備好，這樣溝通起來比較方便，也比較不容易受騙，你說是吧！

什麼！
公車有車掌小姐？

記得小時候跟媽媽一起搭公車時總有一個專門負責收票的「車掌小姐」，也記得公車司機總是來匆匆去匆匆，乘客還沒下車或上車完畢，人都還沒站穩車子就開動了。不過那大概是三十年前的事了，現在台北公車的服務都很周到貼心，坐起來超舒適的。

所以，當我第一次在曼谷搭公車，看到「車掌小姐」時（也有男生），覺得超驚喜的，時光彷彿瞬間倒退了。在泰國當乘客上車就位後，車掌小姐就會一個個去收費，他們的眼力和記憶力似乎特別好，即使車上很擁擠，一次上來很多乘客，還是可以記得誰是剛上來的人。

車掌小姐總是拿著一只嘎啦嘎啦作響的長鐵盒，熟練地在東倒西歪的公車上行走。那個鐵盒就是收費盒，裡面放有車票和零錢。當他走到你面前時，只要跟他說你要去的地方或站名，他就會告知你票價，付錢後就會給你一張小小的票，這樣買票就完成了。

這邊的公車分為有空調和無空調的，可想而知有空調的較貴，沒有的較便宜。無空調公車外觀通常較破舊，內部頂端也只有裝幾個小電風扇，除非下大雨，大多時候窗戶、車門都是敞開的，不過這樣通風還算不錯，陣陣徐風吹來也挺舒服的。

　　此外，司機開車亦較猛（以八號公車最為惡名昭彰），常常人還沒完全下車，車子就準備要離開了。換句話說，就是車子完全停止只有短短一兩秒的時間，所以每次落地時都可以感覺到「動力加速度」，有點危險。據報導這是因為，曼谷的公車分為國營和民營，民營的司機和車掌小姐的底薪通常非常微薄，主要以抽成車資賺取收入，載客越多，賺得越多，所以他們才這麼趕、這麼衝[1]。不論如何，這點讓我不太喜歡坐公車，如果必要坐公車時，下車前我也會盡量提早到車門口就定位，以做準備。

車長小姐收票中！依照前面的敘述，可以猜出這是哪種公車嗎？對的，就是無空調公車！

　　前面提到坐公車會是在「必要」的狀況下，是什麼情況呢？公車服務的點比捷運（MRT 和 BTS，在下一章節會介紹）多，有時搭乘公車較易到達目的地，不用多走路。不過聽說很多人是為了省錢，寧願早起、花更多的時間搭乘它通勤。舉例來說，捷運 MRT 一站的距離所收取的車資最低為 16 泰銖，無空調公車只要它的一半，而距離越大，當然省得越多。

　　上網參考一下曼谷的 Transit Bangkok[2] 和 Bangkok Mass Transit Authority[3]官網，以及其他網站後[4,5]，稍微為大家整理出大致的收費情形（晚上 10 點過後，行經高速公路會多收錢），如右表。

有無空調	公車顏色	票價（泰銖）
有空調	橙	11～24，依距離而定
有空調	黃	12～24，依距離而定
有空調	藍白	11～19，依距離而定
無空調	紅白	7 有些紅白公車是免費的，在擋風玻璃上有用泰文標示
無空調	其他顏色 粉紅、白藍、橘、綠等	8

再來，也分享一些搭公車的小撇步吧！曼谷的公車不像台北一樣有中、英文自動告示系統，建議大家事先準備好要到的站或地方的泰文名稱，這樣如果要詢問車掌小姐或司機會比較容易。還有，最好隨身攜帶20泰銖小鈔或零錢，因為一趟車資最多只有十幾塊，大面額的鈔票可能會在找錢時發生問題。最後，也是我最在意的

（左）公車站等車狀況。大家都很溫和有禮，等公車時會在站牌前排隊然後依序上車，上車後也是安安靜靜的。

（右）公車近照。擋風玻璃右下角淺藍色板子標示有起點和終點，詳細路線在側面的深藍色板子上，大多以泰文標示，少數公車有泰文和英文同時標示。

部分，一定要注意安全，快要下車時請先到車門旁按鈴，並且站穩、抓緊；如果車子沒有完全停靠路邊，可能會有汽機車突然從公車左後方竄出，所以出車門時一定要注意後方有無車輛。

因為熟悉感使然，在曼谷我多半都搭乘捷運，所以非常感謝另一半，偶爾的這些公車之旅讓我看到了不一樣的曼谷；也多虧了他，不然我真不知要搭哪班車、要在哪下車。下次造訪曼谷，也想來搭公車挑戰自己、體驗不同風情嗎？

耶～我們所熟悉的捷運！
不過「2 秒安檢」那是……？

　　來自台北的我，早已習慣搭乘捷運（地鐵）的生活模式。旅居於紐約、哥本哈根、新加坡時，也非常仰賴它，其上的英文告示及播報系統，讓我不至於在陌生的城市迷失方向。基於這股熟悉感，可想而知，我在曼谷也是以它為主要代步工具。

　　曼谷的捷運有行駛於地面下的 MRT（Metropolitan Rapid Transit），以及地面上的 BTS（Bangkok Mass Transit System）兩種。MRT 的路線很簡單，目前只有二條，全泰國的首條路線「藍線」，以及日前才完工開放的「紫線」；BTS 也有二條，分別為 Sukhumvit 和 Silom 線，於 Siam 站交會。MRT 和 BTS 之間的轉乘非常容易，只要照著指標稍微行走一下即可，只是目前要使用不同的票券，有點麻煩，不過聽新聞說近期會發行通用的卡，期待那天的到來。近來泰國政府亦積極投入其他路線的新增與興建，相信不久的將來就可以更便利地在曼谷趴趴走。

交通便利貼

MRT 特殊票券[1]

藍線有單程票，也有一日、三日、一個月，以及儲值卡等選擇。單程票（代幣一顆）可在自動票機，或是服務台購買，依距離遠近收費，價錢介於 16 至 42 泰銖之間。卡類的票則要到服務台購買：一日票為 120 泰銖、三日 230 泰銖、月票為 1400 泰銖；儲值卡首次購買要付 180 泰銖，費用包含 100 元的車資、50 元的押金，以及 30 元的工本費，後續加值最低費用要 100 泰銖。Bangkok Expressway and Metro 官方網站指出，紫線目前只有儲值卡。這邊所提到的皆以成人票為主，敬老、兒童、學生票的詳情請參考 Bangkok Expressway and Metro 官方網站。

BTS 特殊票券[2]

除了單程票（15 ～ 42 泰銖），還有一日票 140 泰銖、儲值卡（兔子卡）等選擇。若要常搭 BTS 非常推薦兔子卡（Rabbit Card）[3]，可在服務台購買，只要卡裡有儲值，就可以更快速地進站，不用排隊換零錢或買單程票！
兔子卡目前有兩種，一種是 200 泰銖，100 為車資，50 是押金，50 是工本費（兔子卡官網指出 2016 年年底後工本費會調漲至 150），退卡時可退 50 押金。另一種是 180 泰銖，80 是工本費，100 為車資，沒有押金，所以不用考慮要不要退卡。兔子卡亦可當作電子貨幣使用，就如同我們的悠遊卡可在便利商店使用一樣。一般來說可用兔子卡交易的商家會在其結帳櫃台前放置標識告知，例如在麥當勞就可以用兔子卡付費，還可以馬上折 10 泰銖喔！亦可累積點數，換取合作商家兌換券等等，BTS 站內常可看到「自助兌換券」，此外在網站上也可以換取。有關兔子卡（包括點數、敬老和學生票）之詳情可參考官網。

MRT、BTS 路線圖（圖片取自 Official BTS SkyTrain Map）。

MRT 藍線的 Chatuchak、Sukhumvit、Silom 等站可以連接 BTS 的 Mo Chit、Asoke、Saladaeng 車站。在 MRT 的 Phetchaburi 站和 BTS 的 Phaya Thai 站可連結 Airport link 到蘇凡納布國際機場。MRT 紫線沒在這圖裡，因為所經之地為曼谷近郊，甚至到了另一個城市／府，離遊客常去的市中心很遠。

MRT：左邊為購票服務台，右邊為自動購票機。

BTS：左圖和右圖左邊男性使用的那台為舊式購票機，只收硬幣，沒有硬幣還得去服務台換，有些麻煩；女性排隊使用的為新式購票機，可以用鈔票，但目前不是每站都有設立。

MRT 和 BTS 車廂內都設有博愛座，除了要讓坐給老弱婦孺，也要讓坐給和尚喔！有看到左上方標識中穿黃衣的人嗎，那就代表和尚。

　　就我在各國搭乘 MRT 經驗相比之下，曼谷 MRT 的新奇處是，入站前要先通過一道會「嗶嗶」作響的安檢門，之後看情況有時候會有站務人員檢查乘客隨身攜帶的包包。檢查的方式很有趣，這一定要來說一下！他們會要求你把包包打開，用手電筒往裡面迅速地照一下、看一下。內心 OS：「這樣真的可以看出包包內有無危險物品嗎？」就當我心中有這個疑問時，在網路上發現了一支呈陳述這個現象的爆笑影片。故事內容大概是這樣的：這裡的站務人員之所以有過人的眼力，可在短短「2 秒」內得知袋中所有物品細節，是被一位曾在美國 CIA 受訓服務、心繫母國的阿嬤所嚴格訓練出來的。若曾遇過此狀況的你，對於此虛構的劇情一定能夠會心一大笑！BTS 的入口處同樣也有安檢人員，他們通常傾向於檢查攜帶較大包包的乘客，不過也只是非常禮貌地稍微看一下。

（左）有看到拿手電筒的安檢人員嗎？下次可以注意一下他們的神速檢查法。
（右）MRT 站前貼的規則，「禁止攜帶榴蓮」為其中一項。

　　根據網路上的調查數據[5,6]，曼谷每天估計有六十多萬以上的人使用 MRT 和 BTS 等大眾傳輸系統，即使人數這麼龐大，但站內的整潔秩序還是相當良好。又，儘管沒有類似台北的捷客推廣文化，大家仍是乖乖排隊，等車廂內的人出來才進去，在車廂內乘客大多在安靜地低頭滑手機，若遇到老弱婦孺，大家也會自動讓坐。

　　上下班尖峰時間人潮眾多，會有站務人員出來指揮協助，雖然這邊的人潮還不至於像傳說中的日本一樣多到需要用推的，但也逃不掉「人貼人」的狀況，而且我偷偷觀察到，在這種一位難求之時，MRT 上的男生會盡量把位置讓給女生坐，真是體貼。另外還有一點也是曼谷優良捷客的表現，就是不帶氣味獨特的「榴槤」進站，以免其他乘客受到池魚之殃（除此之外，很多飯店及航空公司也有如此的規定），真不愧是盛產榴蓮的熱帶國家。

其他代表曼谷文化的交通工具，嘟嘟車＆運河快船

曼谷市區的路上交通工具真是多采多姿，除了二輪的、四輪的，還有三輪的！就是觀光客必坐的嘟嘟車（Tuk Tuk）！記得幾年前當我以遊客的身分來到曼谷時也是迫不及待坐上嘟嘟，希望能與路上的風景那麼貼近，即使回家發現鼻孔全是黑的也都值得！

嘟嘟車為什麼叫 Tuk Tuk 呢？據說是來自於它那轟轟作響的引擎聲[1]，仔細想想還真的蠻傳神的，也有人說這是因為它早年時收費便宜，而便宜的泰文發音就是 tuk[2]。現在的它可是一點都不 tuk 了，得上車前一定要跟司機先講好價，不論是當地人還是外國人都是如此；大致的行情大概是從 30 泰銖左右開始起跳，但是司機看到我

們外國人一定會傾向開較高的價錢，有時整趟車程下來的費用不見得比搭計程車便宜。

　　儘管如此，我想大家都仍抱著「在人生中至少體驗一次，來曼谷怎麼可以不坐嘟嘟車」的想法，所以無論如何還是會搭乘。的確，嘟嘟車相當有在地風情，不過它亦有較不為人知的另一面，就是它通常以較便宜的「液化石油氣」（LPG）作為燃料，縱使鮮少有不幸事件傳出，但其安全性還是不及石油和「壓縮天然氣」（CNG）高[3,4]⋯⋯

　　當然，有「亞洲威尼斯」之稱的曼谷，水上交通也很發達，「空盛桑運河快船」（The Khlong Saen Saep Express Boat）就是跟當地人日常生活息息相關的。因為沒有塞車的問題，可以更快速地到達目的地，是許多當地人上下班通勤的好朋友。

LPG 加氣站，嘟嘟車、計程車和一些私家貨車皆在此加氣。上面所提到的液化石油氣桶位於嘟嘟車的乘客座位下，至於其他車輛則將其放置在後車箱中。

典型的曼谷嘟嘟車。這位好心的司機特地停下來讓我拍照，真感謝。有看到司機座位前的花串嗎？很多嘟嘟司機都會擺放它以保駕駛平安。

（左）等待上船的民眾站在碼頭上。
（右）快船進站時。專業的船務人員已站在船緣邊，準備把繩索綁在岸上；船內的乘客也就定位做好準備下船。

上下船時手一定要抓緊船上的繩索。船內有供救生衣，不過當地人好像不怎麼穿。

據說曼谷這條運河開發於 1800 年左右[5]，而這運河快船於 1990 年開始營運[6]，共有東、西兩線，全長 18 公里，且沿途會停熱門觀光地區[7]，頗為便利。東線（NIDA Line）會經過尚泰百貨旗艦店（Central Chidlom）、素坤逸路（Sukhumvit）；西線（Golden Mount Line）則會到金山寺（Golden Mountain）。兩線在水門（Pratu Nam，著名的水門批發市場所在地）附近交會，換句話說，轉乘東西線要在這站換船。價錢依距離遠近每人大約 10 至 20 泰銖，碼頭有收費對照表，費用可以先準備好，上船後會有船

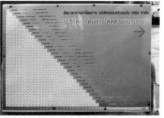

（左）船開離時情景；左右側的帆布在行駛時若怕被水濺到可以拉起。
（右）碼頭上貼有票價表，搭乘前可先參考。

不管快船行駛方向，皆停在同一個碼頭，
所以大家要注意船隻駛來的方向再登船
喔！

務人員來收，然後給你一張小小的票。

　　只不過，可別期望這快船有在威尼斯乘坐
貢多拉般的悠閒浪漫。由於運河水質不佳，船隻
也很老舊，感覺有點克難；加上停靠時間短促，
上下船有如備戰一樣，需要卡位、抓緊船上繩索
迅速動作。儘管當地人早已學會如何敏捷地上下
船，不時還是有民眾不慎跌入水中的新聞傳出；
行駛中，不甚乾淨的河水還會濺上來，這時還需
自行將船邊的帆布拉起。無論如何，對於我們外
國人來說，能親自體驗當地人如何跟生活「搏
鬥」，也算是一種獨特的經驗！

Chapter 2

泰有緣

撒挖低！搭起友誼的橋梁

麥當勞叔叔教的 wai 禮

　　來泰國的遊客除了搭嘟嘟車外，還有一件事必做，就是跟麥當勞叔叔照相！我們所熟悉的麥當勞叔叔，在這裡換了姿勢，雙手合十地在店門口迎接大家；這麼獨特的 POSE，當然大家都搶著跟他合照，我也不例外！

　　麥當勞叔叔的這個動作在泰文叫做 wai（泰文發音為 wâi，類似ㄨㄞˋ）。據說 wai 源自印度，原本只用於佛教信徒對佛祖的敬拜，後來才普遍用於日常生活中。也許這個動作對外國人來說頗為逗趣，但在這裡可是相當重要的問候禮。大家見面時，第一件事就是互 wai 並同時互道 sà-wàt-dee kha ／ krub（女生用 kha 男生用 krab），說再見時也要再互 wai 並再 sà-wàt-dee kha ／ krub 一次，來個圓滿的結束。基本上應由晚輩或位階低的人先向長輩或位階高的人 wai 來表達敬意，而大部分的時候被 wai 的一方也會回禮，一種謙遜、和睦之氣油然而升。

wai 除了表示見面及離開時敬意外，也表示謝意。剛到這邊時，每當婆婆給我一些東西，即使很小，身為台灣人的我都會客氣地跟她說「不用啦、不好意思」之類的，不過後來發現泰國人比較不會推來推去。如果長輩給你東西，最好就收下，並說謝謝和 wai（謝謝的泰文發音為 kòp kun kha 或 kòp kun krab，女生用 kha，男生用 krab），不然他們可能會覺得奇怪，以免原本的善意還可能被誤解。

泰國人極尊重老師，上下課前看到老師，或從老師手裡接下改完的習作、禮物，很多本地學生都會行 wai 禮來向老師致意、致謝。有一陣子我去教中文，為了提振小朋友學習的興趣，我準備了一些小貼紙作為獎品，有些小朋友拿到時真的就如此尊敬地對我，儘管了解其出自為何，但當下還頗不習慣呢！

雙手合十的方式和所擺放的位置也很重要，做不對反而失禮，這也是來到泰國後婆婆教我的第一件事。基本守則是，手要像含苞待放的蓮花一樣，四指併攏朝上、兩掌合併但中間留一些空

隙，然後放在胸前；面對年紀或地位越高的人，手擺放的位置就會隨之提升，頭也會越為低下。

我們先從地位最高的開始介紹吧！以表示見面及離開時的敬意來說，對於和尚或佛像的 wai 禮，只需動作不用說 sà-wàt-dee kha ／ krub：頭低下（在此同時手會自然地稍微從胸前往上提一點）、拇指碰觸二眉之間，指尖差不多會在額頭位置；和尚是完全不用回禮的，因為他們被認為是佛的代表。

至於父母、祖父母、老師，或德高望重的人士，頭低下鼻尖碰觸拇指，指尖差不多會在眉毛中間的位置；這些長輩回禮時，姿勢有點像是麥當勞叔叔的模樣（雙手擺在胸前，頭輕輕往前傾），並回應 sà-wàt-dee kha ／ krub；聽說也有些長輩只口頭回應 sà-wàt-dee kha ／ krub 或點頭微笑而已。

對於其他長輩或工作、社交場合中的長官，頭只要稍微低下拇指碰觸下巴，指尖到鼻尖位置就好，並回應 sà-wàt-dee kha ／ krub；聽說也有些長輩只口頭回應 sà-wàt-dee kha ／ krub 或點頭微笑而已。一個商業行為完成時，像是去銀行辦事或消費購物，行員、店員也會 wai 顧客，這個時候顧客大多以點頭或微笑來回應這樣的禮貌即可。

俗話說禮多而不怪，大家都很樂意見到有禮貌的（外國）人，泰國人當然也是如此。所以，抓住以上的要點，稍微練習一下，下次遇到合適的泰國友人也可試試 wai 禮，讓你的印象分數大增！

（上至下）對於和尚或佛像；對父母、祖父母、老師、或德高望重的人士；對其他長輩或工作、社交場合中的長官行 wai 禮。

最好由晚輩或位階低的人起頭，如果長輩先起頭，會使晚輩尷尬。另外，對陌生人就可免 wai 禮了。

做人，
可別輸在「顏色」上

這篇文章寫於泰王普密蓬‧阿杜德（King Bhumibol Adulyadej）拉瑪九世陛下逝世之前，所以這邊提到的「泰王」會是「已故的泰王普密蓬‧阿杜德」，所提及的情況也是他生前所發生的。

回想當初剛踏入曼谷時，立馬可以感覺到這個城市的色彩頗為豐富。不僅計程車顏色多，比起國際大都市常見的黑、灰色系女裝服裝，這裡更多了淺亮色系選擇。

的確，顏色在泰國的意義頗為重大，受到印度神話影響，在一週七天當中，每天都有不同的代表色[1]：星期一是黃色，星期二是粉紅色，星期三分為兩部分，下午六點前是綠色，六點後為黑色，星期四則是橘色，星期五是天藍色，星期六是紫色，星期天是紅色。在泰國，有人真的一週都依照這種類似「制服」概念的顏色規則，來

穿衣呢！

　　也因為如此，由於已故的泰王普密蓬·阿杜德在星期一出生，代表色為黃色，所以過去每逢十二月五號他生日（泰國的父親節，新泰王上任後目前還沒有變動公告）一到，全國上下就會穿著黃色來表示祝賀，呈現「一片黃」的現象，而且不只有那一天，一整個月都會籠罩在這種氛圍之中。2016 年六月九號，已故泰王普密蓬·阿杜德登基七十週年那陣子，也有很多人身穿黃色衣裳來慶賀。王后陛下則在星期五出生（生日為八月十二號，也是泰國的母親節），淺藍是代表色，因此全國上下在八月份就會一舉換上淺藍色的衣服。

　　在這些月份中，如果沒有這樣顏色的衣服，也盡量穿著亮色，不要穿不吉利的黑色，以避免被誤認為不敬（當然目前仍因泰王普密蓬·阿杜德去逝的關係，情況有些改變，人們一舉換上黑色，若此時穿著太喜氣鮮豔的顏色反而會顯得不敬）。看報導，2014 年

（上）2016 年八月份王后生日時，大家身穿藍色，王后肖像亦處處可見；肖像上為王后皇徽。

（下）2016 年六月九號為已故泰王普密蓬·阿杜德登基七十週年，當時許多人都穿著黃色來慶賀。

時，就有一名護士因為在已故泰王普密蓬‧阿杜德陛下生日時穿黑色服裝，被認為對王室不敬而受罰[2]。我的泰文老師也曾說，有些泰國人會在週一上班時穿著亮色系，避免穿黑色，以求個一週的好兆頭。老人家亦有這方面的忌諱；剛到泰國的時候，我一如往常地穿著我喜歡的黑色服裝出門，有時到婆婆家也是，經過婆婆的教導後，現在一定盡量穿亮色系服裝去拜訪公婆（最近因泰王逝世例外）。仔細回想，有些台灣長輩好像也有這種顧忌，所以做晚輩的（或是到泰國來），還是注意一下比較妥當。

由此可推，去參加別人的婚禮時當然不能穿黑色囉！那要穿什麼顏色？泰國的婚禮很有趣，新郎、新娘會事先告知當天的「主題顏色」以便賓客準備，聽說黃色跟粉紅色是最受歡迎的顏色。我參加過兩場婚禮，一場主題色是黃色，一場是藕色，為了不失禮，我特地去買搭配的衣服，然而到現場後才發現不是每個人都按照主題規劃走，也有人穿粉綠、粉藍、粉紅等等；在台灣代表喜氣的大紅色反而較沒人鍾愛。

在曼谷住了兩年後，只有一個簡單的心得，那就是衣櫥裡最好有幾件同泰王和王后代表色的服裝、參加婚禮時可穿的粉嫩色服裝，在這一年內也要備有一些黑色低調的，才不會失禮。

除了用衣服顏色來表示對皇室的尊敬外，路上也常可以看到標有泰王、王后皇徽的黃、藍色王旗（通常與泰國國旗並置，照片攝於泰王普密蓬·阿杜德逝世之前）。

3

【泰有趣＆泰奇妙】
泰國的吉祥數字

説到吉祥色，也説説吉祥數字吧！

9 在泰國有「進步」的意思，所以對泰國人來説是好數字。至於我們認為是吉利數字的 6，在泰國因其發音跟「摔跤」相同，所以不被看好。4 的話，對有華人血統的泰國人來説，比較會有忌諱。還有人説，13 也不是個吉祥的數字，因為 13 倒過來，就會變成像是泰文的「鬼」字。

至於手機、車牌號碼，泰國人也跟我們一樣，希望自己的號碼是吉利的，專門算手機和車牌號碼的網站也因此而生。有些通訊業者會透過類似如此的網站，免費幫顧客準備一組組的吉祥號碼，有些針對愛情，有些是事業，有些是健康，有些則是綜合，讓顧客在辦理門號時挑選。車牌的話，泰國交通部相關網站每個月會公布幾組號碼，民眾可先上網查查哪一組比較吉利再決定。

順帶一提，泰國民間流傳星期三不宜剪髮！這是因為在傳說中，從前皇室的人就是在週三時剪髮；另有一個說法是，週三為農業日，所以剪這個動作不太吉利，而剪髮也不例外。現在有些髮廊還是會在週三時休息，但大部分（年輕）人已沒有這個忌諱。

4

泰國人的
「稱謂三原則」

　　介紹稱謂前，我們可能要先來談談泰國人的小名。

　　泰國人的姓名「落落長」是眾所皆知的，所以爸媽都會幫小孩取一個簡易的小名。不只家人，同學、朋友之間也都以小名互稱（同事之間則要看人，有些人會希望用他的真名）。

　　泰國人的小名有植物名、動物名，也有數字、形容詞等等，範圍很廣。目前我聽過最逗趣的男生小名是「ûan」和「mǒo」，前者是胖，後者是豬的意思，對的！你沒有看錯，或許他們小時候都圓滾滾的很可愛吧！說到女生的小名，我印象最深的是 Gift；在紐約研究所的第一堂課時，大家要自我介紹，有位來自泰國的同學說她叫 Gift，原因是她的出生是她父母最好的禮物；當下覺得能這樣介紹自己實在太厲害了，不過也突然覺得自己的名字真是沒什麼賣點啊！此外，來到曼谷才發現蠻多女孩子都叫 Ploy（紅寶石之意），或是 Noy（一丁點之意），叫 Noy 的女孩

通常為家裡排行最小的。順帶一提，很多女孩子的真實名字都以 porn 結尾，在大部分人的腦海裡，英文 porn 一字所代表的是情色片的意思，不過在泰國卻有保佑、祝福的意思。

了解有關小名的背景後，我們就可以進入稱謂原則的主題了。

在台灣的職場中，我們通常會以名字來稱呼比較不熟的同事，以表示友好、親切，像是黃小英，就只稱小英而已。但在泰國這裡，面對比較不熟的人，一定要在小名或名字前（看對方希望你以小名或真名稱呼他）加上 Khun 字才禮貌，意思好比我們的先生或小姐。倘若一個人的小名是 Ploy，那就要叫她 Khun Ploy 來表示尊敬之意；當然若交情到達某個程度後，有時則可省略。

由於 Khun 男女皆適用，所以對像我一樣還不能從泰文名字中看出對方性別的外國人來說，至少是好事一樁，因為至少我不會把一個女生誤稱為 Mr.，或把一個男生誤稱為 Ms.。說到這，曾看過在工作上大量接觸外國人的泰國人，在電子郵件簽名檔中的姓名前面，特地加入了 Ms.，

以免被誤稱。還有，泰國人在書寫時經常用 K. 來代替 Khun，一開始我還真的以為對方的名字叫 K.什麼的，後來才反應過來。

對於長輩，不管在職場還是一般社交場合中，我們往往會稱呼對方什麼姐、什麼哥，或阿姨、叔叔伯伯之類的，但泰國在這邊，則是要在小名或名字前加 p'（泰文發音為 pêe）。p' 通常用來尊稱輩分較高的人，像是姊姊的泰文就為 pêe săao，哥哥為 pêe chaai。所以若 Ploy 是你的上司，那就要尊稱她為 P'Ploy，前面提到的司機大哥或是店家老闆等等，只要用 p' 就好了。（如果你想更禮貌的話，則可以說 p' kha ／ krub）。

對於晚輩，可以只稱呼對方小名，但倘若對方是陌生人，那就用 nóng 就好了，意思類似小弟弟、小妹妹（弟弟的泰文就為 nóng chaai，妹妹的泰文為 nóng săao）。同樣的，如果想更禮貌的話，則可以說 nóng kha ／ krub。

以上的稱謂應該很簡單吧！只要大致掌握住這三原則，在工作或社交場合中應該就可以傳達基本的禮貌了。

泰國人稱謂懶人包

Khun		表示禮貌，男女適用
p'	＋名字	尊稱輩分較高的人
nóng		對晚輩、陌生人

5

心靜，
為泰國優良美德

　　拜訪泰國，若你的個性較內斂安靜，似乎可以比較容易融入當地生活中，因為在這邊，心靜（泰文發音為 jai yen yen）被視為一個重要的優良美德。反之，如果個性急躁、講話大聲，易跟他人起爭執，這樣的人他們稱之為 jai roon，可想而知會比較不受到歡迎。

　　為什麼呢？因為泰國人相信，心靜有助於社會的和諧。心靜的泰國人永遠保持一種平靜有尊嚴的姿態：他們說話輕聲細語，不會大聲嚷嚷，行為舉止不急躁，說話時手也不會比來比去的；即使心裡不舒服，也不會輕易把真正的情緒表現出來，還是選擇用微笑來面對人事物，而非去跟別人吵架爭論，這也難怪泰國有微笑之地（Land of Smiles）之稱。

　　心靜的泰國人一般來說都很安靜，也很有禮貌。最好辨別的例子就是在等待的時候。

　　當地人似乎都非常平心靜氣地接受「曼谷嚴

重塞車問題」這個事實，在長長的車陣當中總是相當沉得住氣。儘管車況這麼得不佳，但也不乏禮讓的情況，而被讓的一方通常還會特地把頭稍微低下來道謝示意，不管是摩托車騎士還是車輛駕駛又或是行人都一樣。上下班尖峰時間，地鐵裡排隊的隊伍同樣很長，常常要等兩三班車才能順利擠上車；然而，同樣的，在等的過程中，大家都表現地很平靜，默默看著手機或低聲交談，很少人會露出不耐煩的樣子。

比較讓我無法完全理解的是，有一次我和另一半及公婆到小吃店一起共進午餐，吃到一半，有一桌的客人突然不小心從椅子上跌下來，傳出「砰！」一聲。這麼大一個聲響，我當然好奇地稍微看一下，但在此同時我卻發現其他桌的客人居然都安靜地繼續吃飯，沒有任何人轉頭看一眼，一切就像什麼也沒發生一樣。婆婆說大家這樣做是為了要留顏面給那位客人，是有禮貌的表現。這樣想也是，但還是覺得這樣有點冷漠，如果這情況發生在台灣，一定會有人熱心地去攙扶他起來，或是口頭上關懷他一下，文化真的有些不同。

說到這邊，你一定會想，難道泰國人都沒有情緒失控的時候？也不是，心靜只是他們文化中所注重的美德，在現實生活中，大家難免也是會爭吵，只不過可能泰語音調輕柔，所以即使有人有言語上的爭執，也比較感覺不出來吧！像我剛來泰國的時候，就是這樣，根本無法辨別有人在吵架，總覺得他們說話時都好聲好氣的。然而，時間是最好的老師，隨著時間的累積，我現在大概可以從搭配話語的語調、表情、微笑方式這些細節，來判斷對方真正的情緒。

　　重視心靜的泰國人對外國人比較不會那麼要求，然而來自禮儀之邦的我們，當然不能漏氣，斟酌表現出心靜的態度吧！才會是泰國人眼中有禮貌的外國人，並贏得一些尊敬與友誼。

【泰有趣＆泰奇妙】

泰國特殊禮節，
不要亂摸人家的頭

6

　　有禮貌的泰國人也相當重視另一個禮節，就是別亂摸別人的頭。泰國人深信頭是一個人身體中最重要、最神聖的部位，因為人的靈魂就位於頭部位置。

　　在台灣我們看見可愛的小朋友，可能會忍不住摸摸他的頭，但在泰國這邊，為了不冒犯他人，請盡量不要這樣做（父母對小孩、情人之間就另當別論了）。

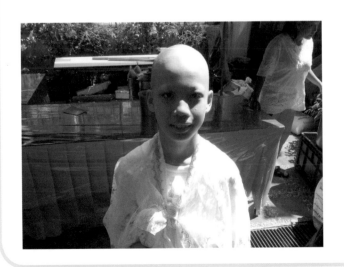

我是
泰·國·人。

　　第一次真正接觸到泰國人是十年前在紐約念研究所的時候。

　　當時對這些泰國同學的第一印象是，他們一點都不像我們印象中的泰國人！不僅在面貌上是如此（很多泰國人都有華人血統），在穿著打扮上、設計造詣上也是（當時我讀的是設計）。唯一有點不搭嘎的是，他們的英文好像會挾帶一股獨特的泰國腔。即便如此，他們似乎也不會覺得不好意思或比其他外國學生低一等，總有種處之泰然的「自信」，讓我在佩服的同時也感到相當好奇。

　　來到泰國居住、跟當地人深入相處和閱讀一些相關書籍之後，才理解其中道理。這很有可能是由於泰國從來沒有淪落為殖民地的關係，所以他們對自己的民族國家存著強大的自信心，同時對自己的文化也相當自豪，總覺得自己跟外族之間的關係是同等的，而會不會說英文，或是說不說得好，顯然就沒有那麼重要了。

我的另一半就是活生生的例子，他認為英文只是溝通工具而已，雖然他曾留學美國和丹麥，但從不認為自己講話要多麼像外國人。當然，也不是每個人都是如此，而且不可否認的，這裡還是有從小便就讀國際學校，或在國外長大、求學而擁有極佳語言能力的泰國人。

可能也因這樣的想法，他們對外國人的態度，跟台灣人相比之下，較為冷淡。以我的經驗來說，在台北，如果我們碰到中文不甚輪轉的外國人，就算英文再破，熱心的我們仍會努力擠出一兩句英文試著幫助他們。但是，如此的「服務」精神，在曼谷的「當地生活」中，即便是首都曼谷，還是較為缺乏。曼谷人比較不會因為你是外國人而特地改口說英文，交談基本上還是以泰文為主，不管是在平時消費購物時，還是聚會上都是如此（在較有規模、國際化的地方，像是高級百貨公司，或是觀光區內的店家，這種情況應該不太會發生）。

若只是發生在購物時，那就算了。不過很多時候在家族、朋友的聚會上也是如此，不會有人

特別為你講英文時，心中常一陣涼，儘管當中有人曾經留學海外，也不能期待什麼，偶爾才會遇到願意花時間用英文跟你閒聊的好心人。

有人說，這是因為泰國人生性害羞，面對外國人時容易感到不知所措的關係，所以千萬不要認為他們故意冷落你。若能說幾句泰文，應該可以讓他們感受到我們的友好，進而稍微拉近彼此的距離。像是，我發現他們見面時，跟我們一樣很喜歡問對方「吃飽沒？」（gin kâao ru yang），下次可以試試用這句話打開僵局。

就我的經驗而言，「泰國人」對自己民族文化的自豪除了表現在語言上外，也表現在茶餘飯後的閒談裡（其實只要是外國人，不管在哪個國家，都有可能變成當地人的話柄）。他們頗喜歡訴說有關外國人的趣事，尤其是白皮膚的外國人 farang 的趣事（farang 在泰文原為「芭樂」之意，因為芭樂的果肉為白色而衍生出這個稱呼，就像我們所謂的「老外」）。一個夫家的親戚就常常在聚會上分享這則「笑話」：有個 farang 外國友人到泰國後才驚然發現：紅毛丹居然有外殼！而

且裡面沒有夾鳳梨，跟她平常吃的不一樣⋯⋯

　　當然，這篇文章是站在我這個外國人的角度所寫的。如果設身處地，也許能比較容易了解他們的想法和心情吧！

　　「在泰國會不會說泰文確實沒什麼關係，但會說卻能讓你的生活大大加分！」這是我在某個文章中所讀到的句子，真是形容得相當傳神。不管是來玩、還是到這長期居住，都建議大家準備幾句泰文，更深入當地生活。

【泰有趣&泰奇妙】

8 10 個常見的泰文詞語，你一定要知道！

在這邊把前面提到的一些重要泰文詞語做個整合，也順便再多加碼幾個。説話時，女生要在以下詞語後加 kha，男生要加 krab，才有禮貌喔！

* 有注音或 KK 音標為最接近音，主要在協助大家了解發音。

你好	sà-wàt-dee（ㄙㄚˋ ㄨㄚˇㄉ一）
謝謝	kòp kun（ㄎㄡˇㄎㄨㄣˋ）
對不起，或借過	kǒr tôht（ㄎㄡˇㄊㄛˋ）
沒關係、不要在意	mâi bpen rai（ㄇㄞˋㄅ一ㄝ ㄌㄞˊ）
表示 OK	dâai（ㄉㄞˋ）
表示不 OK	mâi dâai（ㄇㄞˋㄉㄞˋ）
吃飽沒	gin kâao ru yang （ㄍ一ㄣˇㄎㄠˋㄖㄨˊ／ㄉㄨˊ一ㄤ）
（身體）不舒服	mâi sà-baai（ㄇㄞˋㄙㄚ ㄅㄞ）
多少錢	tâo rài（ㄊㄠˋㄖㄨㄞˇ）
可以便宜點嗎？	lót dâai máai（ㄌㄛˊㄉㄞˋㄇㄞˊ）

9 泰國專屬的 獨特喜感

說到這，你可能會覺得重禮貌的泰國人聽起來好像很拘謹，其實也不全然，他們還是有相當輕鬆、有趣的一面。泰國人天性較樂天知足，總是可以在平淡無奇的生活中找出樂子，自娛娛人，散播喜樂，你也一定可以常聽到他們說 sà-baai sà-baai（一種輕鬆舒適、慢慢來的處世態度）；mâi bpen rai（沒關係、不要在意），或是 same same。

好心腸的泰國人極愛護小動物，是動物控來著，就我的觀察，許多他們的專屬喜感也與動物有關。記得初到公婆家時，看到他們庭院裡擺放著可愛的小羊塑像，也許有些媚俗（kitsch），但一見到它，內心馬上就融化了，在那之後，也陸陸續續地在許多曼谷店家門口看見類似的擺設，後來才意識到他們慣以這種方式來表示「歡迎」之意。還有，卡在車陣中心情不免煩躁，不知是不是這個原因，有些車主會幽默地在後方行李箱那裡吊掛猴子玩偶，逗大家開心。此外，泰

國天氣炎熱，流浪狗總喜歡滯留在 7-Eleven 前，享受著從門縫下透出的冷氣，這獨特的景象也是挺逗趣的。

別以為如此與動物相關的喜感只表現在這些瑣碎的生活細節上而已，曼谷市內還有一棟「大象大廈」（Chang Building），整個建築結構仿照泰國國家代表動物大象身形，並精心做出眼睛、象牙、耳朵、尾巴等部分！日前也有一則與動物相關的新聞，令我不禁微笑；曼谷動物園（Dusit Zoo）的工作人員為了演練若遊客不慎掉入熊園區內池塘裡應有的應變措施，而身穿超萌的熊偶裝來增加真實性[1]……

動物以外，路上也不乏我從不曾看過或想過的幽默奇景。例如，路邊警察亭的頂蓋設計為一頂超大尺寸警用帽，原本應有的嚴肅感頓時詼諧了起來；一家咖啡店的門口用超大型咖啡杯來造景，讓大家清楚知道這是一家咖啡店喔！

泰國人的專屬幽默確實有助於生活情趣，不過若真要處理事情的時候，有時反倒會令人有點抓狂，心裡不斷出現「不正經」、「不專業」等感覺。

書上說，泰國人希望在工作的同時也能享有跟同事相處的樂趣，比如邊閒聊邊做事，而不是從早到晚一直板著臉盯著電腦螢幕，從此可想而知，他們的工作效率難免會稍微受到影響。有一次，因要辦簽證相關事宜，我大老遠地跟另一半跑到政府辦事處，從下午一點開始等，等了一陣子後竟發現，有越來越多工作人員離開位置出來走動聊天，辦公速度整個變得很慢！當時心情超緊張，因為他們四、五點就要下班了，深怕白跑一趟，雖然最後有成功送件，不過等的當下真是很擔憂！還有一次在路邊逛街，我想要買的衣服樣式賣完了，此時老闆竟拿出另一個樣式跟我說：same same，彷彿在叫我「不要那麼嚴肅嘛～」不過，這件就很不一樣啊！要我怎麼買啦？

　　也有書說，又或許因為這種輕鬆幽默的處世態度，他們對性別的接受度頗廣。除了大家耳熟能詳的人妖秀外，在真實生活中不時也可以看到頂著大濃妝、穿著女裝的男兒（但一說話就可辨真假），我們外國人一看可能會有些不適應，不過他們都顯得相當自在，旁人也早已習以為常。總之，曼谷生活中充滿了許多喜感，只要用心觀察，就能發現。

泰國人這樣講！
10 個常見泰式英文

在這個國際化的社會中，英文很自然會融入人民日常對話中，然而對於英文又不是母語的我們，講起英文難免會有些奇特的發音或挾帶些腔調，那麼，泰國人又有哪些較特別的泰式英文呢？

* 注音為最接近音，主要在協助大家了解發音。

Very	wely
Ice cream	ice klim（當地人較常稱之為：ai-dim）
Apple	ap-bêrn（ㄅㄣ、）
Central Department Store	cen-têrn（ㄊㄣ、）
Chocolate	cho-go-láte（ㄌㄟ ˊ）
Hamberger	ham-ber-ger（ㄍㄜㄦ、）
Coffee	gaa-fae（ㄍㄚ ㄈㄟ）
Credit card	kedit gar（ㄎㄟ ㄉㄧ · ㄍㄚ ˊ）
America	a-meli-ga（ㄚ ㄇㄟ ㄌㄧ ㄍㄚ）
Taiwan	daiwán（ㄉㄞ ㄨㄢ ˊ）

Chapter 3

泰虔誠

日常生活中的悠久佛教傳統

有拜有保庇，
人人都是善男信女

　　佛教自從十四世紀左右輾轉由古印度南傳泰國後[1]，就深入當地的文化中。泰國目前有 94％的人民都信仰佛教[2]，泰國年份算法也以佛曆 *為主，而且佛寺到處林立，全泰國有超過 4 萬多間[3]。在曼谷，除了有頗具名氣的臥佛寺 *（泰文發音為 Wat Pho，wat 在泰文的意思就是佛寺）和金山寺 *（泰文發音為 Wat Saket，英文為Golden Mountain）外，其他大大小小的佛寺也遍布其中。

　　在這個佛教大國中，自然有許多與佛教相關的節日，例如萬佛節 *、衛塞節 *、三寶佛節 *、守夏節 *，每到這些日子，善男信女們就會到各個佛寺祭拜祈福。舉例來說，衛塞節也就是佛誕日，大家會前往佛寺進行「浴佛禮」，把黃顏色的泰國傳統香水倒在佛像上，傳說這是因為釋迦牟尼佛出生時，天上出現九條龍吐出香水為祂洗浴；另有一說法為，灌浴佛像象徵滌洗我們的內在心性[4]。在守夏節前夕，人民則會到佛寺，幫

忙把液態蠟倒入高大的管狀容器中，以便佛寺製作超大型蠟燭，供僧侶們在守夏節後的三個月駐寺修行時使用[5]。

　　不過你知道嗎？在這些節日以外，很多泰國人在「新年」和「生日」時，也會前往佛寺捐贈並祈求保佑；不是一心只想著參加宗教派對而已。至於捐贈的方式有很多種，有的直接投至捐獻箱，有的捐錢購買瓦片給佛寺新增房舍用，也可向佛寺購買護身符＊等等。祈求完後，有時候可以在佛寺提供的橘紅色布條上寫下心裡的願望，由於這塊布之後會用於佛寺內，所以象徵著好運。更虔誠的人還會在跨年夜晚到佛寺打坐祈福、誦經聽道，直到隔天凌晨時分。

（上）去年新年時，我們家到金山寺去，在頂端的金佛塔拿著祭品繞三圈後，另一半蹲在塔前所擺放的橘紅色布條上，寫下祈求保佑的字句。
（下）行浴佛禮。

◆ 小提醒　**進佛寺的穿著**

若預計前往佛寺，記得不要穿得太裸露，以示尊敬。最好穿有袖子的上衣（或是隨身帶薄外套、圍巾）和過膝的褲子或裙子，有些佛寺亦會提供免費或可租借的長巾布給遊客遮蓋裸露的部分。另外，進「佛殿」前要脫掉鞋子，所以建議大家穿著容易穿脫又低調的鞋子。

若是臥佛寺的臥佛殿前，則有鞋袋供訪客放鞋，而且袋子可以自己隨身攜帶，不用顧忌鞋子會遺失或遭人踐踏，出殿後再把袋子歸還即可。

在生活中，泰國佛教通常與其他信仰和平共存，所以祭拜祈福的對象很廣。像是住家、商業大樓等前幾乎都設有小型神壇，這是因為泰國人深信每塊土地上都有位守護神，所以一定要奉祀祂們來獲得庇佑、平安。高架在柱子上的小型佛寺內，以及周圍擺放著迷你人物和動物雕像，虔誠的人民會在每天早上到神壇前祭拜並貢奉鮮花等等；每當經過神壇前，不管是自家的還是路邊的，也會行 wai 禮來致意。

有些商家則會在店內擺放招財女神（泰文發音為 Nang Kwak）。祂是一位身穿紅色泰式服裝、頭戴皇冠、採跪姿並招著右手的女神明。招財女神的由來眾說紛紜，其中一個比較多人採信的是，傳說在很久以前的古印度，有一個家庭靠著擺攤過活，因為收入只夠基本開銷，所以決定投資一輛貨車，這樣可以到更遠的地方進行更多買賣；這家女兒跟著一起前往，她在路上聽到高僧講述佛理，深受感動因而皈依佛門，而高僧也被她的決心打動，所以保佑她們全家的生意興隆[6]。為了得到招財女神的庇佑，也有商家會供奉紅色

的蘇打飲料（據說紅色象徵財富），上面還會插根吸管。

　　還有更神奇的事。婆婆跟我們說，她的鄰居做了一個夢，夢中有人叫他去數院子裡香蕉葉的數目，然後去買樂透就會中。他照著做果真中了大獎，事情傳出後，附近鄰居也紛紛徘徊他家門口，隔著低矮的圍牆觀察他的香蕉樹，真不知他們怎麼數的，居然又有人中了樂透。後來，這位鄰居又做了一個夢，才知道這是香蕉樹裡的一位女神明回報他照顧之恩的緣故。而他，為了感激神明的指示，則在住家門前設了個小型神壇，並供奉多件女子用衣，真是個罕見的都市奇談啊！

（上）神奇的香蕉樹傳說，婆婆鄰居在香蕉樹前設小型神壇並供奉多件女子用衣，以感謝神明的指示讓他中了樂透大獎。
（下）住家、商業大樓等前小型神壇大致模樣，小型佛寺內及周圍擺放著迷你人物和動物雕像。

知識補給站

佛曆[7]

釋迦牟尼佛在西元前 543 年前涅盤,因此佛曆年份算法為西元年份加上 543,例如今年為西元 2017 年,佛曆就為 2560 年。

臥佛寺[8]

為泰國的一級皇家佛寺,是卻克里王朝拉瑪一世時期所建築的佛寺當中,最重要的一個。占地面積有 20 英畝,裡面供奉著許多佛像,其中以 46 公尺長和 15 公尺高的全金臥佛最為出名。除了磅薄的氣勢外,臥佛的兩腳掌上還有由珍珠母鑲嵌而成的 108 個吉祥圖案,非常細膩。傳說這為釋迦牟尼佛在人間的最後姿勢,祂隨後涅盤,進入超脫境界。

金山寺[9]

於卻克里王朝拉瑪一世時建立,為一座人造「山」,共有三百多級階梯連接頂端的金塔。傳說塔內藏有釋迦牟尼佛的遺骨舍利子,因此成為重要佛教聖地,吸引眾多信徒前來敬拜。

萬佛節(Makha Bucha)[10]

大約在每年二月中下旬,或三月初月圓時;相傳在釋迦牟尼佛悟道後第 9 個月的一個月圓之夜,來自各地的上千名高僧不約而同地聚集在一起,聆聽釋迦牟尼佛說法。

衛塞節，又稱佛誕日、浴佛節（Visakha Bucha）[11]

大約在每年五月中下旬，或六月初月圓時；紀念釋迦牟尼佛出生、成道和涅盤。

三寶佛節（Asanha Bucha）[12]

大約在每年七月中下旬月圓時；紀念釋迦牟尼佛成道後首次向信徒講經說道之日。講說的當天，就有一人悟道、決定出家，而他也成為釋迦牟尼佛所收的第一位僧侶，因此這天即為佛、法、僧齊備的日子。

守夏節（Khao Phansa）[13]

三寶佛節的隔天。話說從前這一天象徵泰國雨季的開始，加上雨季又是種稻的好時機，且長達三個月之久，所以釋迦牟尼佛規定僧侶們在這段期間內要駐寺坐禪，以免外出步行妨害稻米耕種生長。

護身符（英文為 amulet，亦稱「佛牌」）[14]

佛寺的護身符裡刻有佛像或德高望重的僧侶像，泰國人深信它們能保佑平安、帶來好運，不少泰國人都有佩戴。材質、形狀大小皆不同，前者有由金屬、木頭等質料製成的，後者有圓形、橢圓形、三角形等等；外面通常還有層透明保護袋，方便保存和配戴。此外，它也能增值並具有極高的收藏價值，泰國有許多專門販賣護身符的市場，也總有很多民眾聚集在前欣賞挑選。

由「出生佛」看個性？

　　有些泰國佛寺內，像是金塔寺，就供奉著「出生佛」（也有星期佛、七日佛之稱），人民可到自己的出生佛像前捐獻祈求。

　　在七天中，釋迦牟尼佛有著不同的法相姿勢，各個象徵不同的意思；有些泰國人也會藉由出生日來大概了解彼此的個性，就像我們愛談論的星座一樣。至於，要如何知道自己的出生佛？就是看看出生的那一年，你的生日落在星期幾。查詢了一些資料後，在這邊幫大家做一個簡單的歸納[1,2]。

星期日：成道佛

　　其法相姿勢代表釋迦牟尼佛在悟道正覺的後階段，由此衍生出，這天出生的人內心是清淨的、會為他人設想的。

星期一：平定佛

　　其法相姿勢代表著防止不幸的意思，所以這

天生的人，被認為是可以帶來平安、和諧的人。

從左至右為星期日至星期六出生佛，星期三的兩個出生佛居中。

星期二：涅盤佛

這是釋迦牟尼佛在人間的最後姿勢，據說涅盤前釋迦牟尼佛告誡弟子不要悲傷，繼續修行，所以這天出生的人被認為是平和的。

星期三：持缽立佛（白天），　　　　禪定坐佛（夜晚）

分為白天和夜晚；白天是持缽立佛，由釋迦牟尼佛托缽化緣的法相姿勢來象徵這天出生的人是知足、感恩、惜福的。夜晚是禪定坐佛，話說獼猴和象因族群遭人殘殺，來向釋迦牟尼佛尋求庇護，所以這天出生的人據說是和平處世的。

星期四：冥想佛

　　代表著釋迦牟尼佛冥想的法相姿勢，所以這天出生的人被認為是有智慧的，適合當老師、法官、律師。

星期五：內觀佛

　　其法相姿勢代表藉由內觀冥想得到心靈的寧靜，因此這天出生的人被認為富有慈悲心，且是沉靜祥和的。

星期六：七頭蛇神護法佛

　　話說一天釋迦牟尼佛在端坐禪思時，突然下了一場暴風雨，也就在這個時候，一條七頭蛇出現在釋迦牟尼佛身後保護他。這天出生的人，因此被認為是幸運的，總會被保護著。

3 出家，
不是件遙不可及的事

到泰國之後，驚訝地發現幾乎每個男生都曾短期出過家！大多數泰國人深信「出家能為家人帶來好運！」因此，他們選擇在人生不同時期「短期出家」，像是我的一位男性友人就在結婚前夕出家一個星期來為新家庭祈福；另一半則曾在大學畢業後出家三個月。

也有些小孩子是奉父母之命，在暑假期間（三月～五月）到佛寺學習，有點像夏令營的感覺；之前在網路上就流傳著一個七個月大的的泰國小小男孩在佛寺學習的照片。說來也是，其實在古老的時候，佛寺就宛如學校、知識教育中心，像是臥佛寺就被喻為泰國最早的大學。

或許是因為在泰國，可以選擇「短期出家」，所以家人若要出家，通常不會太感傷，反而還認為是件值得慶賀的大事！我就曾在路上遇過一支浩浩蕩蕩的慶祝隊伍，要出家的男子在隊伍的最後，穿著白衣、騎坐在白馬上、並手持蓮花，接受附近居民祝福。

（上）要出家的男子在慶祝隊伍中，接受大家的祝福。
（下）到緬店旅遊時，我親眼看到了有眉毛的緬甸和尚，看看是不是跟上圖的不一樣。

既然提到了出家，那就一定要說到和尚（其實出家人因修行身分不同而會有不同的稱謂，但現在大眾皆統稱出家人為和尚¹）。就像之前提到的，泰國人對和尚相當敬重，因為他們如同著佛祖的化身，在捷運等大眾運輸交通工具上，乘客須禮讓座位給他們；不僅女孩子不能靠和尚太近，一般人也都會特別保留些空間給他們，所以他們四周常常呈現「淨空」狀態。之前我在等捷運時，看到站有和尚的那個閘門前都沒當地人排隊，只有兩個外國人在和尚附近一起等車。

此外，泰國和尚有個特徵，就是他們不僅要剃度還要剃眉！真正的歷史還有待查證，不過有一說法是，相傳很久之前泰、緬之間有場戰役，緬甸人假扮成和尚混進佛寺中屠殺了泰國和尚，為了跟緬甸有所區隔，當時泰國的君王下令所有和尚都得剃眉，而規矩這也一直流傳到現在。

儘管和尚這麼受敬重和重視，但他們還是跟泰國人的生活息息相關。在曼谷這個大城市，每天早上仍可看到化緣的情景，大概六、七點左右，就有人站在定點等待和尚到來。當和尚快抵

（右）早晨時刻曼谷的商業區，一名上班女子佈施給化緣的和尚。一般的和尚都是站著，這位和尚可能年紀較大所以採用坐姿。

（左上）門上的金銀色的符號（綠色箭頭指的部分）代表著這地方曾受過和尚的祝福。

（左下）公司行號週年慶，請來和尚誦經祈福。

達時，佈施的人就會脫鞋（據說這是因為和尚化緣時通常都沒穿鞋，不過也有人沒脫）、跪下準備（也有人站著）。當和尚到達面前時，再恭敬地把食物或日常生活用品（以食物為主）放在他們的托缽中，之後雙手合十行 wai 禮；這時和尚則會回應一段答謝祝福文。

還有，新大樓、新居落成要開始啓用時，通常會請和尚來進行祈福儀式，並在門口留下金銀色的符號；在重要的日子裡，像是新年時，公司行號、公寓住所等地也會請和尚來為大家祈福。

話說回來，書上說，佛教的目的就是引導大家獲得啟示（enlightenment）[2]，而正念（mindfulness）的訓練為基本功[3]。另一半就分享說，他之前「短期出家」的那間佛寺，主要以「身體力行」的方式來教導他們禪修。在那段期間內，他們每天都必須在寺前不斷地來回行走，藉由不斷做同一件事來留意觀察自己當下的思緒，進而讓自己的思緒平靜下來，從中也可更加了解、透析自己、體悟世間道理。想想，藉由「短期出家」來體驗和尚簡樸規律的日常生活，進而

訓練心智、體悟人生道理，還真是一個不錯獲得
啓發、增加人生深度的方法。

◆ 小提醒　**民間信仰：鬥雞求財**

位於泰國南部洛坤府（Changwat Nakhon Si
Thammara）的這間佛寺裡供奉了非常多的鬥雞
塑像。傳說在很久以前，有位高僧請一位名為「ㄞ
ㄎㄞˇ」的小男孩來照顧這間佛寺。在小男孩意外
逝世之後，一次，高僧隨口說：「ㄞ ㄎㄞˇ，請
你幫忙這佛寺的建設吧！」說也奇怪，沒隔多久，
就有很多民眾前來捐贈。這事件一傳十十傳百，
大家都來請求ㄞ ㄎㄞˇ庇佑。據當地人說，ㄞ ㄎ
ㄞˇ生前喜愛看鬥雞，所以若來祈求生意興隆、
財源廣進而實現願望的話，就要帶鬥雞塑像回來
致謝。

【泰有趣&泰奇妙】

Tam Boon，做功德？

一個人的意念是相當重要的，泰國人也深信存善心、做善事（泰文為 tam boon）是個美德，也是件功德[1]。Tam boon 的範圍很廣，包括前面提到的去佛寺捐獻、佈施給和尚，還有現在要介紹的是：將鳥放生、餵魚。

不少曼谷佛寺外都有鳥販在擺攤，你可以看到許多的小鳥都被關在籠子裡，等待有緣人來解救牠們。只要付一點錢，老闆就會打開門，把其中一隻鳥放出籠外。不過，聽說這多半只有「象徵」意義而已。泰文老師就曾偷偷跟我們說，不知是否賣鳥人有訓練，還是這種鳥兒已喪失了求生意志，她有看過鳥在被放生後又乖乖飛回來的情景。

另外，有些佛寺內的湖泊或池塘內都有養魚，民眾可以拿著佛寺裡賣的，或自己準備的麵包（有些麵包店會把不要的土司邊裝袋來賣）去餵魚。不過，只要有這個心，不見得一定要在佛寺內做才行，曼谷許多公園裡都有湖泊，也常能看到人眾拿麵包餵魚的景象。

5

水燈節，
祭拜河神也享受浪漫情調

　　就像之前提到的，泰國佛教常常和其他信仰和平共存，所以祭拜祈福的對象很廣泛。泰國人每年十一月敬拜河神的水燈節（泰文發音為 Loi Krathong，通常為月圓之時，2016 年落在 14 號），據說則是受到印度教的影響[1]，普遍認為始於素可泰（Sukhothai）王朝[2]。

　　仔細想想也是，河流真是孕育了很多生命，許多歷史上的古文明都是逐水而生，真的是值得

致敬。就字面上來說，Loi 意指為把東西放在水面上飄這個動作，Krathong 就是水燈，「放水燈」除了做為拜河神之用外，也象徵著把過去一年的厄運、罪惡通通洗去，至於閃閃發亮的水燈，也意味著迎接光明的未來。

「水燈」模樣非常樸實，整體由手工製成，造型上大致分成底座和其上的裝飾兩部分。底座通常取材於香蕉樹樹心，或是麵包、冰淇淋甜筒等天然有機材質，有利自行分解（泰國政府之後還是會進行水燈清理工作）；底座上有香蕉葉和鮮花裝飾，並插有香和蠟燭，聽說有的還會附可供奉給河神的硬幣。水燈節當天，在放水燈的地點附近都會有許多賣水燈的攤販，超市也有在賣，一個價錢大概在 30 ～ 40 泰銖。但是有些小販會提高價錢趁機撈一筆，建議大家多多比價後再購買。

只要是有水面的地方，都有民眾前往放水燈，熱門地點包括昭披耶河沿岸，以及內有湖泊的公園裡，例如市區裡的班哲希利公園（Benjasiri Park）、班嘉奇迪公園（Benjakitti Park）、倫批

尼公園（Lumphini Park）等，都頗受歡迎。我的初體驗在老城區昭披耶河旁，第二次在住家附近有湖的小公園裡，去年則在公婆家附近佛寺旁的溝渠。不管在哪裡，這一年一度的盛會總是吸引大批人潮前往，買水燈、放水燈也總是在擁擠、混亂的狀況下完成。不過，能親手把自己的水燈放到水面上，看著它在水面上漂浮、在黑夜中隱隱發亮的美麗景象，這一切都值得！

　　這次我的水燈體驗有些不同。過去兩年，我們的水燈都放在河面或湖面上，因水是靜止的，水燈幾乎都滯留在岸邊，漂不太出去。去年的場地設有「特別機關」，水燈放上水面後，會有一股力道使其移動，最後從一個小型滑水道沖到溝渠裡，這樣比較有動感。也因今年水燈節剛好落在泰王普密蓬‧阿杜德逝世 30 天後，所以活動比較低調，沒有以往的煙火、音樂。儘管如此，去年卻有難得一見的超級大月亮（super moon）陪伴大眾。

　　除了祭拜河神外，水燈節這一天也有其他的意涵。聽另一半說，這天有點類似情人節，在他

（上）2016 年場地狀況，近岸邊有個人造機關，水燈放上後有股力道使其滑向小型滑水道（圖左下方）最後進入溝渠中。

（下）放水燈前，先敬拜一下河神，並請求河神帶走厄運、帶來好運。

（上）是超市賣的麵包水
燈，有趣吧！
（下）水燈近照，用香蕉樹
樹心和花做成的水燈，是在
放水燈現場向小販買的。

學生時期，男生通常會約心儀的對象一同共進晚餐及放水燈，如果女方答應邀約，那就代表也有意思，在一起的機會很大。還有，從 2014 年開始，曼谷在水燈節期間都會舉辦河岸慶典[3]，民眾可免費搭船遊昭披耶河，或乘船前往靠近河岸的佛寺參與慶典，例如到臥佛寺觀看傳統歌舞等文化表演，是個認識當地文化的好機會。

清邁的水燈節聽說是全泰國最具規模的，為期三天[4]。因為在清邁，水燈節和 Yi Peng Festival（滿月慶典）恰巧落在同一時間，所以除了與水燈相關的傳統活動外，還會有選美競賽，以及常被人提及的「放天燈」活動[5]（今年因為哀悼泰王普密蓬．阿杜德逝世，沒有選美，天燈只能用白或灰色施放[6]）。

這麼多的泰國節日中，我個人覺得水燈節是最浪漫美麗的，若你恰巧在這個時候來到泰國，一定要來體驗一下這個特別的節日。

潑水節，
把潑水當祝福吧！

　　相信大家一定對潑水節不陌生（泰文發音為Songkran，又稱宋干節，在每年的四月 13 至 15日）。據說太陽在四月 13 日這天會轉入黃道星座第一宮的牡羊星座，代表新的一年，因此成為泰國的新年；源於梵文的 Songkran 聽說就有「跨越」的意思¹。

　　泰國人認為水有淨化身心、祝福之意，就像之前提到的浴佛節，民眾會利用灌浴佛像的方式來象徵我們內在的洗淨，以重新迎接嶄新未來的意思。在潑水節時，大家也會前往佛寺行浴佛禮，晚輩還會在家向父母等長輩行獻水式。儘管這麼多樣的傳統依舊存在，卻也隨時代演變為今天帶有玩水性質的「潑水節」。

　　因為小時候教科書上的一張照片，總覺得潑水節是所有曼谷當地人期待參與的歡樂節日，但來到曼谷後才發現，我所接觸到的當地人多半對這個節日抱著不怎麼高的熱忱。他們的說法

緬甸曼德里街頭上的潑水活動。箭頭指的那邊有許多年輕人拿著水管，大肆向行經的人和車輛潑水；路邊的人其實也會拿水潑人，而且很多人全身都已溼透。

是，因為這個時候不管去哪裡，都會被人用水襲擊，再加上這段期間是泰國最熱的時候，所以很多人寧願待在家（其實這個節日本以家人相處為重），或者趁機出國旅遊。直到我真正體驗了潑水節以後，立馬了解他們為什麼會有這樣的想法、反應。

來泰國第一年的潑水節，我和另一半去緬甸玩，別以為出了泰國就沒事，緬甸、寮國、柬埔寨等東南亞佛教國家也有潑水節這個傳統。沒有經歷過潑水節的我，當然不介意試試，原本以為他們只會禮貌性的向我稍微潑潑水，後來才發現他們可是玩‧很‧大！一而再、再而三地要你全身溼透！

一群群的緬甸年輕人駐紮在主要交通幹道出入口，準備了超大型水桶，不斷拿容器盛水，把

水往路過的人或車子上潑，還有人直接拿水管接水來增加「戰力」。他們通常還有自行準備音樂和酒，一邊聽著大聲、快節奏的音樂，一邊喝酒，一邊跳舞，再一邊潑水。對他們來說，這就像一場派對一樣；但對我而言，「整個城市卻像座戰場！」

就是這幾個小男孩拿著水盆來給我「祝福」……

由於我們主要以步行的方式旅遊，有時一定要路過這些陣仗，這個時候就只能「勇敢地面對」。遭到水攻後，當然是全身溼透透，從頭髮一直溼到鞋子、隨身攜帶的背包。後來想說乾脆繞道、走小巷弄，應該可以避開水仗，結果不知從哪裡跑出來一群小孩子，各個手捧水盆，面帶微笑朝著我走過來（女生比較容易受攻擊），然後把水從我的頭上澆下去。雖然不斷被水潑，也只能安慰、提醒自己收到了很多「祝福」。

2016 年的潑水節我們待在曼谷。某天，在前往公婆家的路上遇到幾個潑水陣仗，不過好在有開車，所以不用擔心被潑溼。因為過去的經驗仍讓我心有餘悸，所以去年我只趁最後一天的晚上到市區看看：我發現到，曼谷頓時好像變成外

（左）暹羅站附近的潑水情況，大家拿著水槍等待獵物出現。

（右）住家附近巷弄內的潑水情況，看看這幾個小男孩已準備好要對將要走過來的女孩潑水。

國人的天地，手拿水槍、脖子上掛著手機防水袋準備去打水仗的幾乎都是想嚐鮮的外國遊客；觀光客常聚集的 MRT 席隆（Silom）站、BTS 暹羅（Siam）站、拷山路（Khao Sun Road），以及夜店林立的 RCA 等地或附近，都有戰場。

潑水節這段期間亦為車禍死亡高峰期，多半車禍都是因酒駕造成，據報導每年都有 300 人左右因如此原因死亡[2]。聽說較早之前，在曼谷還會有人在水裡加冰塊，造成很多傷亡事件，被政府禁止後，現在這種情形比較少發生。所以，想要體驗水仗的朋友，一定要有被突襲、全身必溼的心理準備，同時也要注意自身安全；不然，也是可以去佛寺參加浴佛禮等祈福儀式，接受文化的洗禮。

Chapter 4

泰好吃

曼谷人平常都吃什麼？喝什麼？

少少價錢・大大滿足

街頭庶民小吃之主食：
「粿條」

說到泰國菜，你想到什麼？是不是炒河粉？碎豬肉羅勒葉炒飯？咖哩？酸辣蝦湯？

的確，一般來說在國外常接觸的泰國菜不外乎就是這幾樣。然而，嫁到泰國後，每當週末與夫家一同進餐時，他們幾乎都會選擇吃「粿條」（泰文發音為 gǔay-dtǐeow），而我也有了：「原來粿條才是更貼近當地人日常生活的正宗美食啊！」的體悟。仔細觀察後好像也真是如此，走在曼谷街頭，你三不五時就可在馬路上、巷弄間看到販賣粿條的路邊攤或店面。

所以，「到底什麼是粿條？」

話說，不少原本住在中國廣東北部的潮州人，在南宋末年後紛紛移居至泰國，同時也把「麵食」帶來泰國，這樣的飲食文化久而久之自然就深入當地生活，並融合東南亞當地飲食特

（左）麵店非常好認，請別擔心看不懂泰文，因為麵攤或麵店的入口處通常都設有擺放麵條的透明小櫥子，這也方便客人選擇麵條種類。有看到櫥窗右下角的 Mama 牌泡麵嗎？（右）巷弄裡的麵攤，其後張貼有簡單的菜單，選好後，再口頭告知店家即可。

色，醞釀出另一番風味。至今，泰國人仍用潮州語譯音「粿條」來統稱「麵食」[1]。

　　就我這個台灣太太兩年「在地生活」的經驗觀察，曼谷的麵店、麵攤往往僅在牆壁上貼一兩張菜單，客人需要自己寫下要點的東西，或用口頭告知要吃的東西即可；有些店家甚至沒有張貼任何菜單，不過，當地人仍可熟練地點餐，一點都不成問題。

　　點粿條之所以那麼容易的原因是，基本上點餐時只需選擇「湯頭」和「麵條」種類即可。

　　麵攤和麵店常見的湯頭有幾種，最基本的就是「清湯粿條」（gǔay-dtǐeow nám sǎi），為

（左）原味高湯的清湯
粿條＋冬粉。
（右）酸辣湯底的冬蔭
粿條＋細米麵。

（左）粉紅色湯汁的釀
豆腐粿條＋寬米麵。
（右）小吃店所必備的
調味料：魚露、辣椒、
糖、醋。

原味高湯搭配肉片和肉丸（大多為豬、雞、牛等肉類）、豆芽菜等青菜，整體相當清淡，非常對我的味，但口味偏重的當地人通常會另外加上魚露、辣椒、糖、醋等調味料，而這四個調味料是粿條等小吃店所必備的。倘若在清湯內加入辣椒醬、萊姆汁、魚露、糖、花生碎末等等，即是酸辣湯底的「冬蔭粿條」了（gǔay-dtǐeow dtôm yam）。「釀豆腐粿條」（yen dtaa foe）的獨特粉紅色湯汁，來自於清湯內混合了豆腐乳和蕃茄醬等醬料，不過它的配料就相當正常，通常有肉丸、水餃、空心菜等等，整體味道偏酸甜。

「船粿條」（gǔay-dtǐeow reua）的店家則通常為專賣店，這是因為過去在船上販售而得其

（左）擁有濃稠肉湯的船
粿條＋細米麵，搭配上店
家提供的免費羅勒葉與豆
芽菜，以及需另買的炸豬
皮。
（右）過去船粿條只在船
上販賣，現在多數店家前
仍會擺設小型木船。

（左）乾的船麵＋寬米
麵。
（右）因為船麵分量小，
我和另一半兩個人共吃了
7碗。

名，為了緬懷過去，大部分店家仍會在店面前擺
設小型木船做裝飾。它的味道非常香濃，並微帶
辣意，這是因為其湯頭為燉煮而成的濃稠肉湯，
並加了香料和祕密武器：豬或牛血！不過，請別
擔心，一點都吃不出血味來，只吃得到美味；但
如果真的不喜歡，可以說 mâi ao náam-dtòk，就
是不要加血的意思。

　　船粿條的基本配料為肉片和肉丸（以豬和
牛為主）、豬肝、空心菜，有些店家還會提供免
費的羅勒葉與豆芽菜，以及需要另外購買的炸豬
皮。也由於過去船家使用較小的碗公來避免在傳
遞食物的過程中讓溢出湯汁，所以它的分量超
小，一餐吃下來眼前的碗總是疊得高高的，是種

吃旋轉壽司的概念。

麵條方面，前三種粿條的選擇較多，有以米製成的寬米麵（sên yài）和細米麵（sên lék）、米粉（sên mìi），以蛋製成的麵條（bà-mìi）、冬粉（wún sên），有些店家還會供應深受泰國人喜愛的 Mama 牌泡麵！船粿條則大多以米麵、米粉為主。至於所有的粿條種類，都有湯麵（nám）和乾麵（hâeng）兩種選擇。

船粿條因分量小一份從 15 泰銖起跳，其他粿條一份則由 30 泰銖起跳，價格會因地區而不同。然而不論如何都算親民價，再加上一餐吃下來不花多少時間，使得這個文化意涵深遠的庶民美食，得以在忙碌的都會生活中繼續被保存下來。

也許攤位、店家的氛圍皆不是那麼現代、新穎，一開始我也相當不習慣，不過即便每次家人在路邊隨便挑一家來吃後（至少看起來是乾淨的店面），美味都不在話下。下次造訪曼谷時可別忘了用基本公式：湯頭＋麵條＋湯或乾[2]，親自點碗粿條來嚐嚐，也能更深入當地民情文化。

少少價錢・大大滿足

街頭庶民小吃之
點心、輕食

在最近一則 CNN 報導中，曼谷的街頭小吃，獲選為全球前 23 名[1]。的確，來過曼谷的人都知道，這個城市的街頭巷弄間總是充斥著小吃攤，不僅食物美味，價格也很親民。除了前一篇提到的主食「粿條」外，還有很多「點心、輕食」類的，在此介紹幾個較有象徵性的給大家。

早餐：
烤豬肉串配糯米飯
（kâao nǐeow mǒo bpîng）

在台灣，說到早餐，大家一定會立刻想到美而美；在曼谷，淋上特別醬汁的現烤豬肉串搭配糯米飯，則是許多當地人的早餐首選。因為烤肉會需要一點時間，所以早晨時刻，總會有人在此攤販前排隊等待。帶有點甜味的醬汁，配上香軟的豬肉、富有嚼勁的糯米，美味之餘，也相當有飽足感，而且一串烤豬肉只要 7～10 泰銖，糯

米飯一份只約 5 泰銖，很划算吧！當然，除了早餐時間，在其他時段也可以看到它的蹤影，所以也有人把它當作午、晚餐、甚至點心來吃。

中、晚餐：
青木瓜沙拉（sôm tam thai），
女孩的好伴侶

女孩子總是特別注重身材保持，而且曼谷女孩子似乎對「酸酸甜甜」（bprîeow bprîeow wǎn wǎn）的口味相當傾心，所以常以青木瓜沙拉做為午餐或晚餐。源自泰國東北部伊森（Isan）地區的 sôm tam，材料上大致有青木瓜絲、紅蘿蔔絲、長豆、蕃茄、花生、蝦米、辣椒等等，在研磨器中搗碎後，再混和以魚露、萊姆汁、糖製成的醬汁拌勻來吃。一般青木瓜沙拉攤販也會賣糯米飯（kâao nǐeow），可以配著沙拉一起吃，一份沙拉加糯米飯大約 35 泰銖。

道地的青木瓜沙拉相當辣，我曾吃過，吃了幾口後就吃不下去了。後來，才學會跟攤販老闆要求辣度，甚至可以要求不要辣（mâi pèt）。如

（上）攤販正在製作青木瓜沙拉，部分攤販在賣 sôm tam thai 和糯米飯之外，也會賣炸雞。
（下）買回來的青木瓜沙拉。

果你跟我一樣覺得還是需要一些辣來提味，但又無法吃太辣，可以要求老闆只放一條辣椒（prík nèung máai）。

聽說還有一種青木瓜沙拉叫做 sôm tam bpoo bplaa ráa，裡面有蟹肉跟醃漬過的魚肉，但因為味道比較獨特，所以接受度較不如 sôm tam thai。

點心：
烤肉丸（lôok chín bpîng）

泰國人真的很愛吃肉丸，不僅可以放在粿條裡，也可以單獨拿來當作點心吃。烤肉丸口味有牛肉（néua）、豬肉（mŏo）、雞肉（gài）等選擇，同種口味的會插在一根竹棍上，一根竹棍差不多有四、五顆丸子，一串肉丸約 5 ～ 10 泰銖。烤過之後，有些老闆會把甜辣的醬汁直接淋在肉丸上，有些則會分開裝。在烤的之外，有些攤販也有賣炸的（lôok chín tôt）。

點心：
烤香蕉（glûay bpîng）

　　盛產香蕉的泰國，日常生活中當然不乏以香蕉製成的點心囉！烤香蕉是用種類較短小的香蕉，烤到表面有一點點焦黑、口感結實的狀態，之後再切塊並淋上焦糖醬汁，一份約 20 泰銖左右。肚子餓的時候來個甜漬漬的烤香蕉，那種感覺真的很滿足！跟前者一樣，在烤的之外，有些攤販也有賣炸的（glûay kàek）。

甜點：
立體三角形蕉葉糯米飯（kà-nŏm sài sâi）

　　基本上，它是包有椰絲和棕櫚糖內餡的椰漿糯米糕，外部會另外用香蕉葉裹覆，其上還插了根小竹籤固定。整體由蒸煮方式製成，口感軟嫩，椰香十足，一個約 10 泰銖。除了味道外，我也喜愛它在材料運用和包裝的方式。過去，在泰國物資不豐足的久遠年代，一切只能就地取材，儘管製作材料相當自然樸實，但是製作手法卻富有人文溫度。經得起時代考驗的它，甚至被泰國設計的幕後重要推手「泰國創意設計中心」當作商標圖誌[2]。

來曼谷就是要吃水果！
隨處可見的現切水果攤

　　對愛吃水果的人來說，泰國絕對是個天堂！台灣人愛的芒果、風靡全球的椰子、有水果之王之稱的榴蓮、有水果之后之稱的山竹都在這盛產著。

　　還有一樣東西，想必也會令水果迷眼中閃爍愛心，就是在曼谷路邊，三不五時就可以看到「現切水果攤」。不僅我們外國人，就連當地人都相當依賴這些水果攤，每每路過時都會看見有人在買，中、晚餐等熱門時段可能還要排一下下的隊。

　　曼谷現切水果攤販有個特定的模樣，跟台灣的有點不同。活動推車上有個玻璃箱，玻璃箱內有幾個隔間，其內擺放著冰塊，以及（已削皮的）水果。有些攤販會先切好一些水果裝袋，另有些攤販則會等顧客來購買時才切。攤販熟練地在小小的玻璃箱掀蓋上作業，把水果放在特製的托盤上切塊，之後再把切塊裝入小塑膠袋中，通常一份的量就是一個塑膠袋的大小，最後還會附贈一

根竹籤和沾粉（有混合辣椒、鹽、糖的，也有混合梅粉和糖的）。這樣一份通常只要 20 泰銖左右，非常實惠，而且有些攤販還會很好心的告訴你什麼水果比較好吃。

曼谷現切水果攤較常見的水果有西瓜、鳳梨、芒果等等，在這其中，芒果（má-mûang）要特別拿出來講一下。在台灣，我們好像較常看到熟透、味道香甜的黃芒果；然而，泰國除了有黃芒果（má-mûang sùk）外，還有味道酸（má-mûang dìp），以及介於酸甜之間（má-mûang man）的青芒果。別以為後面這兩種芒果不討喜，它們可是相當受到泰國女孩的歡迎呢（之前提過泰國女孩偏好酸酸甜甜的口味）！而且還一定要搭配辣椒糖粉，或是混合蝦醬魚露及糖鹽的沾醬一起吃。一開始的時候，我也只愛吃又甜又軟的黃芒果，但吃到介於酸甜之間的青芒果後，覺得這樣的芒果比較好吃耶，既不

曼谷現切水果攤的模樣，下圖標示的部分就是顏色青綠、味道及口感都極佳的青芒果（má-mûang man）。

（上）青芒果搭配混合梅粉和糖的沾粉。
（下）黃芒果搭配混合辣椒、鹽、糖的的沾粉。

會太甜，也不會太軟，吃起來蠻清爽也蠻有口感的！

現切水果攤通常都會在定點擺攤，所以很好找。我常光顧住家附近的兩個現切水果攤，其中一個由一對母女經營，一年365天，不管是放假還是下雨，每天都會出現在我家巷口，而且聊天之後才知道她們工作頗為辛苦，凌晨三、四點左右就要起床去市場拿貨，之後要親自做削水果等準備工作，早上六、七點就出來擺攤，一直到晚上八點左右才休息。另一個由男老闆經營的攤販，也是幾乎每天都會在巷子內出現，他就比較輕鬆點，從下午三、四點開始營業直到晚上九點左右，而且聽說因為是跟工廠取貨，水果通常都已經處理好了。

現切水果攤所提供的主要是隨手可得的便利，如果論衛生，可能還是自己在家弄最安心。也建議大家盡量挑選看起來乾淨衛生的水果攤，比如說攤販所在的周遭環境、老闆處理水果的方式、是不是有戴手套等等，才能盡情享受新鮮的現切水果。

測試你對「甜」的接受度，飲料攤來杯咖啡或茶

根 據 The Thai Health Promotion Foundation 最近的一份報告指出，泰國人嗜甜，飲食中總含有過多糖分，泰國副總理對這種情況表示擔憂，深怕泰人過度肥胖和罹患糖尿病的比例會增高[1]。

其中，最具代表性的，大概就是深受泰國人喜愛的路邊飲料攤所賣的飲品了。買杯冰咖啡（gaa fae yen）、橘紅色的冰奶茶（chaa yen）來喝，你就可以立馬了解泰式飲料有多甜了！甜到你只能一直乾想台灣可以選擇甜度和冰塊量的「客制化茶飲」；當然，如果你喜歡甜那就另當別論了。儘管一杯飲料只要 20 泰銖左右，但實在是太甜了，我無福消受，只能乖乖回到價錢較高的美式或義式咖啡店裡。

「為什麼會那麼甜呢？」你可能會問，那是因為飲料中往往不僅加了糖，還用了口感香滑的淡奶來取代牛奶。

淡奶是經過蒸餾的濃縮牛奶，與牛奶相比，

有看到阿姨手上的煮茶／咖啡濾網嗎？路邊飲料攤都自己煮咖啡。

含有較高的糖分及脂肪，在網路上查到一個資料，每 100 公克的淡奶，內含 10 公克的糖以及 7.6 公克的脂肪，而每 100 公克的全脂牛奶只含 5.1 公克的糖以及 3.3 公克的脂肪[2]！糖上加糖，當然很甜。

儘管泰國人普遍對甜的接受度頗高，但還是會有當地人（尤其是注重身材的年輕女孩）忍不住跟老闆要求少糖（wǎan nói）。我也試過，甜度是有稍微降低一點，但對我來說還是甜，而且如果長期喝下來，一定會變胖，真不知為什麼泰國人不管怎麼喝都可以那麼瘦？

這種路邊飲料攤，通常會自己煮咖啡和茶，並會先在一個容器中將咖啡或茶與糖跟淡奶調和，之後再倒入裝滿冰塊的外帶杯中，杯上還套有簡單的提手，方便攜帶。到飲料攤大家幾乎都點冷飲，好像從來沒看過有人點熱的（我自己曾點過一次熱咖啡）。除了可以消暑之外，冷飲還有一個好處，就是冰塊稍微溶化後，甜度會再降低點，但飲料本身的味道也會跟著變淡些。如果不嗜甜，也可以試試少糖的檸檬紅茶或紅茶，因

為其中沒有添加淡奶，比較不會那麼甜。

　　不僅路邊飲料攤口味甜，較具泰式風味的咖啡店等飲料店也頗甜。

　　剛開始得知公公也喜愛喝咖啡時，我很開心，因為至少有個共同點，然而在跟他去一家裝潢溫馨、可愛的小咖啡店後，才知道我們所認知的咖啡是很不一樣的，甜度、味道上都有差別。之後也試了很多大大小小的當地咖啡店，儘管有要求少糖（wǎan nói）或無糖（mâi wǎan），但就是不怎麼對我的味（可能我對咖啡比較挑惕吧），所以後來就盡量不去了，不然喝不完也是浪費。

　　相反的，當我們帶公公去規模較大的連鎖咖啡店，或是現代感文青風咖啡店時，他也不習慣，直呼咖啡好苦，要加很多糖才喝得下去。真是不同的文化，造就出不同的咖啡／飲料印象，而我們也得以享受不同種的體驗！

（上）阿姨正把調好的咖啡倒入裝滿冰塊的杯子中。有看到阿姨手上的煮茶／咖啡濾網嗎？很多路邊飲料攤都會自己煮咖啡。
（下）外帶杯上所套的提把。

天氣這麼熱，
啤酒當然要加冰塊？

　　愛冰塊成痴的泰國人，連喝啤酒也要加冰塊！炎炎夏日能來罐冰鎮的啤酒是再享受不過了，但我從來沒料想過會有「加冰塊」的喝法。

　　「這樣子的話是指他們都不冰啤酒的嗎？」也不是，他們一樣會冰啤酒，只不過會再附上一桶冰塊。有一些餐廳還會先把冰塊放在酒杯裡，然後一起放在冰庫中冷凍一段時間，等顧客來時再拿出來，這樣冰塊不會那麼快融化，而且超級冰涼。

　　另外還有一種啤酒叫 jelly beer，這是把酒拿去冰一段時間，直到酒裡產生一些類似果凍質感的小冰塊狀態時，再拿來喝。聽說曼谷的 Samsen Villa 餐廳是 jelly beer 的創始始祖，有興趣的朋友可以去試試[1]。

　　對了！因為泰國是佛教國家，買酒可是有時間限制的（不過新聞指出在機場及有註冊的娛樂場所像是餐廳、酒吧等地是不受限制的）[2]。只

（左）這就是喝酒加冰塊。
（右）有些餐廳會先把冰塊放在酒杯裡，然後放在冰庫中冷凍一段時間，等顧客來時再拿出來。

有早上十一點至下午兩點，以及下午五點至凌晨十二點這兩個時段可以買酒，每逢佛教相關節日更是不賣酒（選舉時也是），若違反這項規定的賣家，會有面臨罰款或／和入獄的可能。

▲ 小提醒　**泰國啤酒品牌**

泰國啤酒大致上有勝獅啤酒（Singha）、大象啤酒（Chang）、豹王啤酒（Leo），罐裝一罐約 40 泰銖；個人對酒比較沒有什麼研究，不過真心認為 Leo 的口感較順。

6

泰國肯德雞，
如何與眾不同？

　　肯德基等速食店似乎在全世界都受到歡迎，在泰國也不例外，而且泰國人似乎對它有著一份特殊的情感。另一半就曾說，從他小時候到現在這三十多年來，泰國肯德基走的路線始終是「溫馨餐廳」，主打「家人聚餐」的好地方，而不是賣垃圾食物的速食店，所以頗得泰國人的心。

　　走這個路線的泰國肯德基非常有自己的特色，但其特色並不是表現在裝潢設計上，而是在服務細節上。

　　首先，甜辣醬和蕃茄醬等醬料在這裡可以自行取用、盡情享用，不需要跟櫃台要；我想這應該是很多台灣人會喜歡的部分吧！再來，店內有提供盤子和刀叉，大家真的像在吃一頓飯那樣，把炸雞從盒子拿出來放到盤子上，非常優雅地用刀叉切著吃；這樣的確是不用擔心手弄髒什麼的，但是已經習慣那個「手感」的我，還是會選擇用手抓著吃；在泰國人眼裡，我應該很沒禮貌、很野蠻吧？另外，內部還設有洗手台，方便大家

洗手；這對我這種用手吃的人更是便利了，吃前吃後都可以馬上洗手。

在炸雞口味方面，可能因為我很久沒在其他國家吃肯德基了，所以覺得很一般。不過，我也覺得泰國肯德基的特點不在此，而是在餐點種類上。為了成功抓住每個家庭成員的胃，泰國肯德基在主要的炸雞餐外，還推出了炸／烤雞肉飯等「飯類」餐點、炸雞「批薩」等等。炸雞批薩取名俏皮：Chizza，它是用炸雞來取代一般批薩的麵包部分，再加上蔬菜、香腸、起司、蕃茄醬汁等配料，不是只在傳統批薩麵皮上放炸雞而已，看起來就頗美味！

現在曼谷有各式各樣餐廳的進駐，肯德基對當地人來說可能已沒什麼特別的了，也可能不再是家庭聚餐的首選了。而且，比起一份 100 泰銖出頭的個人套餐，或是一份 200 至 300 泰銖的團體餐，很多人寧願多付一點錢，來換取較健康的食物。不過聽另一半說，在偏遠、較沒有那麼多選擇的地區，肯德基還是有股神力，即使店面設在與住宅區相隔甚遠的加油站中，還是有人會願

（上）圖片左邊為醬料吧檯，可以在這自行壓取蕃茄醬、甜辣醬，圖片右邊為洗手台。

（下）創新口味炸雞批薩，Chizza 的廣告。

意開很久的車，攜家帶眷地來享用這「特別」的
一餐。

　　還好，現在泰國肯德基已有提供外送服務，
不但速度快（看住在曼谷網友的貼文只須不到半
小時[1]），而且服務據點廣達全泰國各省！日前
泰國肯德基的外送服務獲選為全國食品類第一，
而且泰國肯德基方面還特別請來知名廣告公司設
計出火焰狀的外送盒，來象徵快速貼心的外送服
務，贈送給每個月消費最高的顧客當作收藏[2]。

　　我不是個速食迷，但泰國肯德基實在很與眾
不同，給了我很深的印象。說到這，小時候全家
一起去肯德基吃炸雞的畫面突然浮現在腦海裡，
原來我對肯德基也有份感情……

以毒攻毒，
越熱越要吃火鍋？

你可能會想，泰國天氣熱麼熱，泰國人一定對火鍋敬畏三分？但答案可能會在你的意料之外！

泰國人可是出奇地愛著火鍋！

MK 以及 Bar.B.Q Plaza 這兩家連鎖火鍋餐廳都深受泰國人歡迎，常可以在百貨公司看到。

MK 源自於一家曼谷小餐飲店，1984 年的時候才轉型為火鍋店。一開始時取名為 MK「suki」[1]，據說這是因為在更早之前，有一家餐廳以當時流行的日本歌曲 sukiyaki 來稱呼他們所推出的火鍋，而一炮而紅[2]。直到現在，一般泰國人都稱火鍋為 suki。雖然 suki 聽起來有點日式，但其靈感其實來自中式火鍋，所以對我們而言應該頗為熟悉。Bar.B.Q Plaza 則比較創新，其形式介於銅板烤肉和火鍋之間。銅板上可以烤肉片，旁邊的溝槽則可以煮湯、煮青菜和魚板等火鍋料，也有人會把其內的湯舀來喝。

（上）介於銅板烤肉和火鍋之間的 Bar.B.Q Plaza。
（下）每桌都有提供著名的甜醬和蒜末、辣椒末。

走進這兩家火鍋餐廳，你會發覺：「怎麼沒有醬料吧？沒有飲料吧？也沒有冰淇淋吧？」這是因為，在這邊所有的東西都由服務生來服務，客人只要負責點餐和吃就好。此外，我們所講究的湯頭，也就是：酸辣、麻辣、藥膳……這些口味在這裡也消失無蹤，而改由口味清淡的清湯取代。

「只有清湯？那，泰國人究竟愛火鍋的什麼東西？」

除了新鮮的火鍋料外，吃什麼都要配醬汁的泰國人當然頗注重火鍋的「沾醬」！吃過台灣和泰國火鍋店的另一半也這麼深深地認同。

MK 有特製的辣醬，另也提供蒜末、辣椒末、檸檬汁等讓顧客與辣醬一起調配；Bar.B.Q Plaza 則有特製的甜醬，同樣也另外提供蒜末、辣椒末、檸檬汁等。聽說很多人都是衝著那特製的甜醬而來，對醬汁沒什麼太大研究的我也覺得後者味道比較特別。

還有一點跟我們比較不一樣的，泰國人喜歡

脆皮豬肉

特製醬料

叫配菜跟火鍋一起吃。比如，MK 有提供港式飲茶點心、麵點、炒飯等餐點，在所有配菜中，搭配獨特醬汁的脆皮豬肉是我公婆的最愛，每次他們一定會點這道配著白飯和火鍋一起吃，味道真的還不錯，可以試試。Bar.B.Q Plaza 也有配菜，但個人覺得配菜不是它的重點，它最特別的部分在於，吃火鍋時可以一直免費續加高麗菜絲，因為吃了這麼多肉的同時至少可以稍微調和一下。

整體而言，MK 的口味比較清淡，Bar.B.Q Plaza 的口味比較重。不論如何，都還蠻好吃的，而且價格公道、衛生、氣氛佳，許多家庭朋友聚餐都會選在這，非常值得推薦。你準備好來個曼谷火鍋體驗了嗎？

較中式的 MK 火鍋，以及其特製辣醬搭配蒜、蔥末，超推薦的脆皮豬肉配菜。

8

來吃吃看泰國的
7-Eleven 冷藏食品

（上）這是路上常見的
7-Eleven，九皇齋節時店門
標示有ฉ（ฉ就是齋）。
（下）這是在飯店裡的
7-Eleven。

台灣人生活中的好朋友 7-Eleven，在泰國也很常見，泰國人親暱地稱呼它為「ㄙㄟˊ vèn」。論服務項目，台灣的 7-Eleven 較廣，儘管如此，泰國 7-Eleven 仍提供當地人許多飲食上的便利。

除了餅乾、糖果、巧克力、洋芋片等零食外，曼谷 7-Eleven 跟當地人「民生飲食」最習習相關的應該是「冷藏食品」，大家常拿它們當作中餐、晚餐、點心，我們家有時候吃什麼吃到沒靈感的時候，也是會去那裡晃晃。

首先，位於泰國的 7-Eleven，冷藏飯盒當然走泰式風味，像是碎豬肉羅勒葉炒飯、咖哩、泰式辣炒飯。買好後，店員會問你：「要不要加熱？」（wâyf máai kha ／ krab?）需要的話他們可以立刻為你加熱；若是遇到特別節日，像是九皇齋節（為期九天，2016 年落在 10 月 1 日至 9 日，

（左）曼谷7-Eleven冷藏櫃區，下次可以親自來看看還有什麼稀奇、有趣的食品新發現！
（右）近結帳櫃檯區，在此可點熱狗，店員也會在此幫顧客加熱冷藏口袋麵包、飯盒等等。咖啡吧在這還沒這麼普及，只有部分門市才有，這個門市也有現做簡單餐點的服務。

源自於中國東南沿海，據說是為慶祝道教九皇大帝誕辰），還會推出素食冷藏餐盒；上面是標有著紅色「齋」字的黃旗子（齋 中文為齋，發音為 jay）。

也想來顆茶葉蛋？在泰國 7-Eleven 最類似的大概是放在冷藏櫃的「中式草藥煮蛋」。蛋已剝皮，放在有醬料的真空包裝裡，打開後就可以直接食用，雖然不是熱騰騰的，滋味也還算不錯（另有賣冷藏的水煮蛋、溫泉蛋、蒸蛋等等）。還有，在台灣許多人喜歡吃的大亨堡，在這邊也不見蹤影，最接近的大概就是：「熱狗切塊配上泰國人喜愛的甜辣醬」，可在櫃檯點；由於大部分的時候熱狗都是冷藏的，所以店員會自動幫你加熱。

上至下為，冷藏飯盒、類似茶葉蛋的「中式草藥煮蛋」、加熱過後的火腿切塊。

九皇齋節時所賣的素食餐盒。

（左）類似口袋麵包的冷藏三明治麵包，店員會用熱壓來加熱。
（右）蛋沙拉。

包有火腿、起司、鮪魚等不同內餡的冷藏三明治麵包（類似口袋麵包）也頗具特色。買好後，店員會用熱壓的方式加熱，然後放在一個小紙盒裡，方便隨身攜帶與食用。蛋沙拉則是我個人相當喜愛的輕食，它是切片的白煮蛋搭配紅蘿蔔丁、玉米、青豆，並另外附上沾醬，整體非常清淡，一份只有 100 多卡，是有點餓又不太餓時的好夥伴（不需加熱）。

　　雖然這些冷藏食品都頗為美味，也相當新鮮有趣，但若考量營養健康等因素，還是建議偶爾吃吃就好。可能因為這樣的原因，現在還有一些 7-Eleven 門市進化到能提供「現煮／現做」服務；有些門市可以做些簡單的麵食、沙拉，有些甚至還可以現做炒飯、煎蛋。真是越來越多元化和方便了！也真不愧是 7-Eleven，不管在哪裡，都這麼深入生活、這麼貼心。

Chapter 5

泰 sà-baaì

體驗曼谷人的慢活方式

百貨公司慢慢晃
曼谷人的周末休閒

記得甫來到曼谷時，深深地覺得「這邊好多百貨公司／購物中心啊！」果真沒錯，早在 2014 年時，國外知名旅遊網站 Frommers.com 就曾評選曼谷為世界最棒的「購物城市」之一[1]！泰國百貨公司不僅受觀光客喜愛，也是當地人生活中不可或缺的。

「為什麼曼谷有大量的百貨公司／購物中心呢？」

參考了一些資料[2]，首先，對世界上多數國家來說，購物中心的設立代表了中產階級的增加、經濟的成長，同時也象徵了一國的國力及現代化的程度；再者，大部分東南亞國家原本的都市計劃通常趕不及其都市化速度，且較著重於經濟發展，公園綠地等自然公共空間規劃經常被排除在外，有著舒適環境的購物中心，自然變成了城市人眼中的公共空間，有事沒事都可以去走走。

「那，為什麼百貨公司／購物中心 會是當地人生活之必須呢？」

不像台灣，曼谷一般路上沒有那麼多一間一間販賣民生必須品的小店。在這，人民日常所需的商店通常都匯集在百貨公司／購物中心裡，所以就算不逛街，還是得去。還有，曼谷雖然不乏公園，但天氣這麼熱，大多數人寧願躲進捷運旁的百貨公司／購物中心，吹超強冷氣歇歇涼，順便吃個飯，看個電影，交個手機費，買個菜，最舒服實在！

所以，每逢下班時刻、週末假日，裡頭總是充滿人潮，其內的銀行、手機通訊店、餐廳前，經常大排長龍，連停車位也一位難求，甚至必須併排停車。尤其，車子沒停在停車格的人要放空檔，若有必要的話，其他車主可以自行推動，以便進出。記得，來拜訪的朋友看見我們為了出停車位推動前面的車子時，相當驚訝，認為這真是一大奇景，因為這在台灣是不可能發生的事啊，還錄影留念呢！

EmQuartier 的內部（左）和外牆（右）都充滿綠意，還有一個空中花園（中）呢！

去年剛開幕，位於 BTS Phrom Phong 站附近的 EmQuartier 總面積廣大，包括 The Glass Quartier、The Helix Quartier、The Waterfall Quartier 三部分（下）；EmQuartier 與其對面的 Emporium（上），以及正在建造的 Emsphere 為購物特區 EM District。

（左上）有關 Terminal 21，除了上述的之外，一進來的 M 樓層有世界各地的時間，就像在「機場候機室」的感覺。

（右上）Level 1 的城市主題為東京，連洗手間的設計都很有日本風。

（左下）Level 5 為舊金山，可以看到縮小版的舊金山大橋（右下）。又，右下照片內的 Pier 21 為小吃街，多種美味泰式小吃價格跟路邊攤一般便宜，CP 值超高！

　　說到知名的百貨公司／購物中心，Central Group 和 The Mall Group 算是曼谷百貨零售業的兩大龍頭。前者底下的 Central Department Store 走向較大眾化，共有十多個據點，大概是當地人最常光顧的吧！我就常去住家附近的 Central 上健身課、領錢、繳交網路手機費用等等。後者底下的 Siam Paragon、Emporium，以及 EmQuartier，走向較精緻、較多名牌精品店進駐，我平時不怎麼去，除非剛好在附近或是要買什麼特別的東西才會去。

其中，去年甫開幕的 EmQuartier 可以特別拿出來講一下。就如之前提及的，有鑑於都市公園綠地之不足，它的建築設計以「結合自然和都市生活」為主，開發商 The Mall Group 副董事長 Supaluck Umpujh 就曾在一個泰國媒體專訪中指出，「一般的購物中心平均只有 15％的綠色空間，然而 EmQuartier 卻擁有 30％至 40％的綠色空間。」[3]廣大的室外空中花園，由上向下垂墜，與內部結構同樣呈螺旋狀的大型室內植物吊飾，以及有植物相伴的建築外觀，都為這個城市添加了難得的綠意，同時也給予了訪客一個獨特的經驗，使其能夠在消費之外獲得更多感官享受。

儘管購物中心的概念源自美國，不過如同 EmQuartier，曼谷的購物中心在精緻度上早已遠遠超越了。像是以「機場候機室」為設計概念的 Terminal 21 也相當有特色，每到一個樓層，就像到了一個不同的目的地城市，樓面的裝潢設計也會跟著有些不同；例如「倫敦」樓層，地下鐵（Ungerground）和雙層巴士就是主要設計元素，「伊斯坦堡」樓層則有阿拉伯風味燈飾和牆壁花紋。

最後，也跟大家分享一些百貨公司／購物中心逛街小撇步。

每週三為電影票特價日，到電影院看電影只要 100 泰銖左右。每年六、七月左右為泰國打折季（Amazing Thailand Grand Sale），可以趁機享受購物趣；外國觀光客到有參與「旅客退稅」（VAT Refund for Tourists）的商店消費滿 2,000 泰銖，回程（60 天內）時就可在機場退 7% 的稅。在泰國購物不但可以享有高品質的感官享受，還有這麼多好康的，真是不錯！

▲ 小提醒　**退稅資訊**

請參考：

http://www.suvarnabhumiairport.com/en/1387-vat-refunds

2 夜市慢慢吃、慢慢走
曼谷文創夜生活

　　隨著夜晚的來臨，夜市逐一出現，曼谷變得更加熱鬧了，人們收工後紛紛前往吃吃逛逛，放鬆一下。在「非正式經濟」（informal economy）[1] 風氣盛行的曼谷，逛夜市當然是當地人生活中不可或缺的一部分，建議來曼谷的朋友一定要去夜市走走，感受一下當地氣氛。

　　夜市對我們來說並不陌生，不過，每個國家的夜市風情、內涵一定或多或少有所不同；再來，學者就曾指出，市集等「群聚」，有助於保存當地文化和促進一地創意發展[2]。以下介紹幾個曼谷夜市，它們除了好吃好玩好逛外，也扮演著相當重要的「文化角色」。

火車夜市拉差達每週二至
週日 5PM ～ 1AM 開市。

1 · 創新二手精神：
Talaat Rot Fai Ratchada

市場、市集的泰文為 talaat，rot fai 意為火車，所以 Talaat Rot Fai 就是「火車夜市」；Ratchada 則是地名。這是我個人相當喜歡的夜市，因為近 MRT Thailand Cultural Center 站，出站後走 5 分鐘左右就可到，非常方便，然後大小範圍適中，不會大到逛不完、腳很痠；再來，雖然有外國遊客前來，不過目前人潮還是以當地人為主，尚未太國際化，仍可以感到在地文化。

據說，火車夜市在 2013 年創始於離曼谷市有些距離的席娜卡琳（Srinakarin），其佔地相當廣大，以復古二手商品著名。位於拉差達（Ratchada）的這個分市則成立於 2015 年[3]，佔地較小，販賣二手商品的攤販或店家也不是多數。但是，火車夜市席娜卡琳原有的「二手精神」，仍可在走復古破舊風的店家設計上看到，像是理髮店、服飾店、餐廳、小酒吧等座落在由（仿舊）貨櫃改裝而成的店面裡，還有些小酒吧是由舊修旅車改裝而成的呢！低調隨性的創意讓

火車夜市席娜卡琳原有的「二手精神」，在火車夜市拉差達的外圍、由貨櫃或修旅車改裝的店面，表現最為突出。

人覺得輕鬆自在。

　　除此之外，火車夜市拉差達的另一個亮點大概就是「超大碗粿條」這攤販了[4]。它一碗的分量是一般粿條的好幾倍，喜歡同樂的泰國人常跟三五好友一起前來共享。也因如此，即使開店一二年了，生意還是一樣紅不讓，聽說它還使「大分量飲食」變成一股風潮呢！

圖為貨櫃改裝的酒吧。

（左）正在製作中的超大碗粿條。（中）等待送客中，大碗下有三個碗公，可見可分三人份。
（右）瞧！大家開心一起分享的模樣。

2 · 二手藏寶天堂：
JJ Green

　　同樣受到火車夜市席娜卡琳的啟發，然而 JJ Green 可不同於上面所提到的火車夜市拉差達，是個二手藏寶天堂！二手衣、二手鞋、二手傢飾、二手玩偶，甚至各式各樣稀奇古怪的二手物品，都可在其內的攤販或店家找到。濃濃的波西米亞風在此瀰漫，喜歡花時間挖寶的朋友一定不能錯過這裡。

　　順帶一提，JJ Green 的全名為 Jatujak Green（Jatujak，有時也拼成 Chatuchak），位於有「世界最大露天市集」之稱的恰圖恰週末市集所在地旁的一塊空地上，每週四至週日晚間開市[5]。

（上）JJ Green 週四至週日 6PM ～ 1AM 開市，當中的攤販幾乎都在車前擺攤，這大概是它的獨特景象；至於二手球鞋算 JJ Green 攤販的大宗。
（下）也有賣稀奇古怪二手零件的攤販。

（上）經典二手海報攤販。
（左）古董店，裡面賣了很多招牌類的東西、畫作、家用品等等。
（中、右）二手衣攤販、JJ Green 一景，當中也有餐廳酒吧。

3 · 藝遊市集：
Artbox Thailand

2015 年六月才創立的 Artbox，內涵較有創意文青風格，不僅提供了大眾不同的夜市選擇，也給予了當地年輕創作者一個發揮的舞台。它最特別之處莫過於截然不同的市集概念，所有攤位都設在「貨櫃」中，便於遷徙流動。

如同「藝遊市集」的稱號，Artbox 創立至今已在捷運機場線目甲訕站（Makkasan）、詩麗吉王后國家會議中心、未來 EMsphere 百貨等落腳處舉辦過，現在則搬到靠近恰圖恰、MRT Kamphangphet 站 1 號出口旁的空地上，會一直待到 2017 年四月。它的名字也從一開始的 Artbox Bangkok 改成 Artbox Thailand，計劃未來將遊走泰國各地。

另外，就如 ArtBox 字面上的意思，裡頭的貨櫃攤販都流露出藝術之感，其種類包括創意美食、手感文創小品、文青風衣鞋飾品。造訪了幾次後，深深覺得為 ArtBox 增添不少生色的是造型獨特的食物飲品，像是仿點滴袋和血袋的混合

創意商品和美食外，另一個賣點大概就是，原為「貨櫃運輸」之用的木棧板座位；坐在這裡一邊聽著現場演唱，一邊享用著美食、與三五好友聊天，真是人生一大享受。

可能是因為其藝遊魂作祟，2016 年早些時候，當它還在未來 EMsphere 落腳處舉辦時，常常有更動時間的狀況，這次搬了新家後情況好像好些了。建議大家在去之前，還是先到他們臉書上看看公告比較保險。

▲ 小提醒　**藝遊市集**

臉書：https://www.facebook.com/Artboxthailand
* 臉書上公布的開放時間為每週五至
　週日的 3PM ～ 11PM。

（上）逛累了，也可坐在原為貨櫃運輸之用的木棧板上聽著現場演唱，放鬆一下。
（下）造型獨特的食物飲品，保證讓你猛按快門。

公園慢慢動

曼谷都會綠地風情

　　這幾年「路跑」在世界各地掀起一陣風潮，原本只跟「長者」扯上邊的這項運動，現在卻受到大批年輕人青睞。除了積極練習路跑、參與馬拉松挑戰自我，他們也要求自己看起來要流行時尚（這種跑者在泰文稱 nák wîng nâa rák）；穿上名牌運動鞋、運動衣，戴上耳機和高科技智能手錶，這樣照片上傳到網路上才不會遜色。

　　這種情形在天氣炎熱的曼谷也不例外，全泰國上下幾乎每個月都有不少馬拉松活動，而公園裡總有不少人在跑步。2015 年時，我跟另一半也加入了這一波風潮，會常到離家近的火車公園（Rot Fai Park）、班嘉奇迪公園（Benjakitti Park）練跑。

　　曼谷市區的大公園，一般人可能對班嘉奇迪公園比較有印象，因為它位於市區詩麗吉王后國家會議中心旁，交通方便有捷運可到，且景致、設施都頗具國際水準。公園裡的花草樹木隔絕了周圍的喧囂，優質跑道、腳踏車道環繞著公園中

間的大湖而設，吸引許多外國人士來這跑步、騎車，或上團體瑜珈、健身課。

▲ 小提醒　**運動提醒**

給想在曼谷練跑的朋友一點建議，曼谷市區內還有倫批尼公園（Lumphini Park）、恰圖恰公園（Chatuchak Park）、班哲希利公園（Benjasiri Park）；建議在清晨五點左右，約日出前抵達上述地點，不但天氣比較涼爽，人也比較少。

不過，以跑步來說，火車公園才是我的最愛。雖然它感覺比較舊、比較 local，但它大小適中（一圈將近三公里，班嘉奇迪公園一圈大概只將近兩公里），適合練跑。裡頭綠樹成蔭，跑起來頗涼爽，且在幽靜的火車公園裡邊跑步、邊欣賞花草樹木河湖泊等自然風景，每每都讓我身心舒暢，難怪有這麼多跑者來此練跑，還有人在那認真的練上一整天呢！

（上二）班嘉奇迪公園的美麗景致，中間的湖上還可以踩天鵝船。
（下二）跑道和腳踏車道繞著湖而設，外圍為車道，內圈為跑道。週六早上七點公園裡已有了不少跑者。

當然，公園對每個人的意義不同，也有人是專程來放鬆的。炎熱的氣候對曼谷人來說似乎不

在火車公園跑步騎車的民眾,從圖可以看出公園一片綠意盎然,三月左右還有粉紅色類似櫻花的花朵開放,景致非常漂亮,不少人也在這放鬆休憩。

造成任何影響,他們或悠閒地坐在草地上野餐聊天玩耍,或躺著歇息;這讓我感覺到溫馨氣氛,世界上還有什麼比與家人朋友共渡時光更幸福呢?或許又因為不用花費,緬甸移工也頗喜歡在休假時過來交誼。

除了驚訝天氣這麼熱大家還是這麼喜愛室外活動外,上述的這些情況,似乎也跟世界各地的公園沒什麼不同。的確,曼谷公園的「奇特」之處的確跟運動休閒沒什麼太大關係,而是和以下兩者有關係。

首先,每天早上八點和下午六點,大家要肅靜站好一分鐘。

這是因為，泰國公共場所在這兩個時段都會播放國歌，公園當然也不例外，一聽到時就要停止所有動作，立正站好以示尊敬。我第一次遇到這狀況就是在公園裡，當時搞不清楚什麼回事，反正就學別人停下來就對了，也有神經比較大條的外國人／觀光客，完全沒注意到聲音以及路人姿勢的改變，繼續手邊動作。

還有，在天氣較潮溼的時候，巨型蜥蜴（泰文發音為 hia）會爬出湖泊，上岸透氣覓食。我就曾在火車公園、班嘉奇迪公園跟牠相遇過幾次，長得好大，舌頭還會不斷伸出，好可怕！不過盡量離牠遠點就是了。除了長相外，也因過去牠常偷吃民眾飼養的雞隻，導致不怎麼討喜，並被認為是個「不祥」的動物，所以它的名稱 hia 也演變成了一句不雅的話，類似英文的 trouble maker ／ basterd。為了區隔，有人會以較喜氣的「銀一金」（dtua ngern dtua tong）來稱呼這隻動物。

巨型蜥蜴（泰文發音為 hia，同時為粗話），長得很嚇人吧！牠是曼谷公園的奇景之一；另一奇景為早上八點和下午六點播放國歌時，大家都要肅靜站好一分鐘左右。

4

出門慢慢遊
曼谷郊外放鬆景點推薦

　　泰國的長週末連假感覺上還蠻多的。每逢連假，我發現許多曼谷人就會離開緊張的都市生活，紛紛出門到鄰近的省分（在泰國稱「府」）享受一絲清閒，我家也不例外。我們夫妻倆通常會開車出遊，過一下 road trip 的癮（距上一次在美國的 road trip 已差不多有十年之久）；最近的點單程大約要開兩個小時，最遠的單程我們開過兩天。這一兩年來，我造訪過一些地方，以下這幾個景點最具文化、歷史重要性，最得我心。

> ## 陶罐之城：Ratchaburi（拉差布里）
> 跟曼谷一樣位於泰國中部，
> 在曼谷西方約 80 公里處。

　　拉差布里是個古城來著，歷史可追溯至六世紀時，並有「陶罐之城」（Jar Town）的稱號，它的城市標語：「Ratchburi, A city of beautiful

Photharam ladies, charming Banpong ladies, **earthen jar**, exciting beautiful cave and floating market」，就點出了這個特色。

對於「陶罐之城」這個稱號，Tao Hong Tai Ceramic Factory 的創始人 Tia Song Hong 功不可沒[1]。據說他為中國移民，來泰國之前就已從事陶瓷製作，在試驗拉差布里當地陶土品質後，決定在此繼續製陶。他一開始跟朋友一起共同經營，製作出拉差布里代表性龍圖騰大型陶罐等陶瓷器皿，之後才自己獨立出來成立 Tao Hong Tai Ceramic Factory。現在，他的孫子 Wasinburee Supanichvoraparch，更把這工廠帶到另一個境界；曾遠赴德國學習陶藝的他，除了本身為藝術家外，也主導工廠產品設計走向，讓作品多了些現代藝術美感和實用性，不過園區內仍可以看到很多大型陶瓷藝術品。

目前 Wasinburee Supanichvoraparch 也積極將拉差布里轉型為「藝術城市」，並在工廠附近設立了一個藝廊咖啡 Tao Hong Tai d Kunst Art Gallery，又和朋友成立了 Art Normal 藝術節[2]；

Tao Hong Tai Ceramic Factory 園區內除了有製陶工廠外,也有一間小咖啡店(右上圖建築),園區內陳列了許多陶瓷裝飾藝術,有看到左上圖的地面是拱起的嗎?

(左上)製陶工廠前擺放的大型陶藝品。
(右上)園區內的陶瓷藝術。

(左下)園區內咖啡店裡也展示了許多陶瓷品。
(右下)藝廊咖啡 Tao Hong Tai d Kunst Art Gallery,我們去的那天沒開門,只能照個外觀留念。

2016 年為第二屆，二月至七月間，整個城市變成一個展場，主要活動包括街頭塗鴉、藝術展覽。我們 2016 年一月初去的時候就已有看到一些藝術家在藝廊咖啡附近巷弄內的牆面上塗鴉作畫。

　　從陶罐之城到藝術之城，這條道路真是不容易，也真是個創意之舉！

▲ 小提醒　　**周邊順遊**

來到拉差布里也一定要去參觀水上市場：安帕瓦水上市場（Amphawa，下圖）、丹能莎朵水上市場（Damnoen Saduak），看看過去泰國人逐水為生的獨特生活和交易方式。

西昌寺（Wat Si Chum）和瑪哈泰寺
（Wat Mahathat） 是園內兩座有名
的佛寺，因時間關係我們只有去到
Wat Si Chum（如圖）。巨大的阿恰
那坐佛好不壯觀，且其手指弧度非
常優雅，信仰佛教的泰國人民還在
其上貼金箔積功德，求保庇。素可
泰王朝是泰國文化發展的重要時期。

佛教古蹟城市：Sukhothai（素可泰）

素可泰位於曼谷北方 400 多公里。

　　之所以叫素可泰是因為，泰國第一個王朝素可泰（十三至十五世紀）當時就位於此。如同其名字意思「幸福曙光」之光明感，泰國許多重要文明，像是文字、宗教藝術、建築等等，都始於此時，是泰國文化發展的重要時期，而諸如後兩者的遺跡，現在仍可在素可泰老城區（當時的首都）內的素可泰歷史公園（Sukhothai Historical Park）看到。也因其歷史文化重要性，1991 年時，聯合國教科文組織（UNESCO）將素可泰老城區列入世界文化遺產[3]。

　　開車初駛入這公園內，一片綠意進入眼簾，感覺非常平和舒適。這 70 平方公里的歷史公園共分成三大區，主園區還有周圍的區域，其內充滿了佛塔、佛寺、佛像，沒有什麼其他特殊建設；即使有些遺跡外觀已不甚完整，不過整體仍散發出一股宏偉的氣勢，尤其是位於其中的巨大佛像。

擁有泰式古典建築、開放式設計的素可泰機場。Bangkok Airway 有航班飛往素可泰[5]。

西昌寺（Wat Si Chum）著名的阿恰那坐佛（Phra Achana）高有 15 公尺，寬有 11 公尺[4]，是泰國屬一屬二大的。朝著祂慢慢接近時，會先從祂所在的佛寺的建築空隙中窺看到祂的上半身，要完全進入後才能與祂的本尊面對面接觸，不過渺小的人們只在祂腳部，必須仰頭才能看到祂的全體。看到這些不免讓我的思緒掉入歷史的洪流中，試圖想像這佛教大國幾百年前的壯觀景象，而這種感受、感動真是筆墨難以形容，一定要親身體驗。

位於新城區的素可泰機場也反映出泰國悠久的歷史文化。泰式古典建築，非常小巧可愛，開放式的空間一點都沒有機場制式的感覺，旁邊還有露天餐廳跟動物園，相當獨特，不少泰國人都喜歡到此一遊。

皇室避暑勝地＋海灘度假城市：
Hua Hin（華欣）
位在曼谷南部約 200 公里。

　　華欣原本是個小漁村，直到被泰王拉瑪六世發現後，才搖身一變成為泰國皇室的首選避暑據點，並在此建立 Mrigadayavan Palace（愛與和平之宮，為泰王拉瑪六世為懷有身孕的皇后所建），以及 Klaikangwon Palace（忘憂宮，泰王普密蓬·阿杜德生前曾居住於此）等夏日行宮[6,7]。後來，隨著鐵路、火車站的興建普及，也越來越多人開始知道這個地方。

▲ 小提醒　**周邊順遊**

華欣火車站建於 1910 年左右，建築混有泰式風格和維多麗亞風格[8]，唐突的美感令我不禁覺得時間好像停留在陌生的古老時候。其內還有皇室專門候車室（如最上圖），不過現在已經停用。

許多國際大飯店位於華欣海灘旁,其前面的海灘較清靜,而且有專人維持清理,所以較乾淨。其餘的華欣海灘部分或是其他海灘環境,較沒有如此尊優環境。

發展至今，對曼谷人而言，華欣跟曼谷沒什麼太大的差異，最不同的就是華欣有著優美的海灘。的確，華欣近泰國灣（Gulf of Thailand），其絕大部分的海灘寬長，海深度不深、海流不急、沙子細軟[9]，是許多曼谷本地人和外國遊客的度假天堂。有著五星級高級飯店林立的華欣海灘（Hua Hin Beach）部分，環境更是尊優，每天都有專人清理維持，沙也特別白皙。

　　在這海灘度假城市中，令我印象最深的當然就是它東西方差異甚大的「海灘慢活」文化現象了。外國遊客把自己的文化帶了進來，總喜歡穿著清涼，坐在有陽傘的海灘躺椅上曬太陽、看書、放鬆，餓了、渴了就到海灘上的小吃店、小咖啡店，點個輕食、冰飲。傍晚時分，則紛紛湧入附近的西式酒吧餐廳，比較有「冒險犯難精神」的外國人才會學當地人到華新差財夜市（Chatchai Night Market）逛逛、嚐嚐便宜又美味的海鮮料理。

　　這讓我聯想到另一個著名的海灘城市，法國

從上面兩張圖也可以看出華欣東西差異大的「海灘漫活文化」。外國人喜歡全副武裝邊曬太陽邊來杯冰飲（右）；當地人則喜歡輕鬆穿著，和家人朋友玩玩水、吃吃東西，同樂一下（左）。

南部的尼斯（Nice），不過那邊的風氣更為開放，不少人是直接穿著泳褲比基尼在大馬路上走、搭公車等等，整個城市像是個派對之城。還好，華欣有王宮、古老車站等古蹟的洗禮，較有文化氣息一些。又，相較之下，本地人好像比較沒有曬太陽的習慣，反而注重跟家人朋友相處，大家聚在沙灘上吃東西聊天（吃是泰國人生活非常重要的一部分），共享同樂時光。

Chapter 6

泰驚豔

欣賞獨具一格的泰式創意

你一定要知道的
泰國經典文創品牌

　　歷史悠久的泰國，具有一定程度的文化藝術傳統。儘管在國際化、現代化的過程中不免遭到忘卻，但隨著文創產業逐漸受到世界各國重視，泰國也開始正視這些在發展中被忽略的部分。以深厚文化傳統為基礎的泰國文創，正在世界舞台上發光發熱……

　　不知你對泰國文創的印象為何？我的話，則要拉回在十年前紐約念書的時候。當時，美味、價格又親民的泰國餐廳非常受歡迎，對我們這些口袋緊繃的留學生來說更是如此。撇開菜色、味道不談，泰國餐廳最令我驚豔的部分，是它的「空間設計和裝潢」，平凡之中總是恰到好處地混合著些許現代時尚感，整個空間流露出一股「溫度」，讓用餐頓時成為一種享受。大約也在那個時候，泰國廣告開始在國際上展露頭角，像是著名催淚廣告導演 Thanonchai Sornsriwichai（就是為台灣知名廣告「夢騎士」掌鏡的導演），他為人壽保險公司所執導的 Silence of Love，敘

述一個聾啞父親對女兒無聲的愛，就不知感動了多少人[2]。

然而，過去倚賴農業和代工的泰國，怎麼會突軍崛起，在文創界大放異彩？

做了一些功課發現，主要的原因是，1997年的亞洲金融危機，讓泰國重新思考了經濟發展的方向。政府除了策劃了「Amazing Thailand 專案」加強觀光旅遊業的發展外，也決定走向創意經濟（Creative Economy），鼓勵本土文創設計產業發展，用它的高附加價值來為國家增加競爭力[3]。

至今已有不少文創品牌在此成長茁壯，數目繁多不及備載，但哪些是能完美展現泰國文化的「經典」文創品牌呢？

（上）Mr. P 馬克杯。
（下）Siam Center 廣場前
的超大 Mr.P。

幽默詼諧的 Propaganda ／ Mr.P

　　前面文章提到，泰國人生活中有種特別的幽默詼諧感，雖然不知他們的幽默源自於何，不過他們的確常以微笑來面對生活中的大小事，甚至用自嘲的方式來看待所面臨的狀況。Propaganda 品牌下的 Mr.P 家飾產品即主打如此的「幽默精神」，不管是燈具還是吊勾等設計，還是馬克杯上的圖案，皆以 Mr.P 這個調皮搗蛋、脫光光亂跑的小男孩為主題，非常富有喜感。

　　在眾多產品之中，我最喜歡的是一款名為舔（Lick）的馬克杯，其杯緣印有咖啡滴，Mr.P 頑皮地張開嘴巴在下頭接著。雖然乍看之下還真以為是杯子沒洗乾淨，但這就是它與眾不同的地方啊！這個在 1996 年成立品牌的 Propaganda 頗為一般大眾所知，算是泰國文創界的經典（前面提到的知名導演 Thanonchai Sornsriwichai 就是品牌創始人之一），也因此讓提倡在地設計的 Siam Center 購物中心選為形象標誌呢[4]！

保存＋推廣泰絲傳統的 Jim Thompson

把傳統泰絲工藝推向國際的 Jim Thompson 是位美國人，原本為建築師，因為二次世界大戰的關係輾轉來到了泰國。擁有藝術相關背景的他，自然對以手工製成、色彩豐富、充滿光澤的泰絲深感興趣。後來，他還成立了 the Thai Silk Company，把泰絲帶到紐約等國際大城去尋求買主，拯救了差點沒落的泰絲工藝[5]。

直到現在，Jim Thompson 品牌仍是高級泰絲的代名詞，其下的服飾、家飾產品深受當地人及外國人士好評。記得在前年的一個工作場合上，另一半就曾收到了同事贈送的 Jim Thompson 領帶，拿到的時候他超高興的。由於有點價位，建議大家可趁每年六月 Jim Thompson 大打折時好好血拼一番。

Happiness is now or never.

Don't let chances go by.

圖片取自 Wisut Ponnimit 創作的《芒姆安妹妹》（台譯）一書。

輕鬆幽默又 Kawaii 的芒姆安妹妹漫畫

由漫畫家 Wisut "Tam" Ponnimit 所創作出的 Mamuang（泰文為芒果之意，台灣翻作芒姆安妹妹）人物相當可愛，她的身邊也總有一隻名叫萊姆（泰文發音為 má naao）的小狗陪伴。筆觸簡單的畫作下總會搭一句「知易行難」，或常被人忘卻的人生哲理。整體風格混合了日本 Kawaii 之感，以及泰國人的輕鬆幽默。

創作者 Wisut Ponnimit 曾赴日本進修，在那時認識了他的太太；有人說芒姆安妹妹這個人物的創作靈感就是他太太，而他自己則化做是芒姆安妹妹身旁的那隻小狗。芒姆安妹妹相關產品包括明信片、筆記本等文具用品，以及服飾設計，在泰國、日本都很受到歡迎。

在 2015 年時，Wisut Ponnimit 的芒姆安妹妹畫作受邀至曼谷的 City City Gallery 展出，展覽的方法很有趣，令人耳目一新！活動現場不是乏味地把作品一件件陳列在白色牆面上，而是把展場空間變成一個迷宮，讓觀眾依照牆上畫作自行編故事、選擇故事應有的結局，而不同的選擇

也會帶領觀眾走向不同的路線，觀賞到不同的作品，如此的展覽方式實在是獨創一格！

2015 年芒姆安妹妹畫作在曼谷的 City City Gallery 展出，展場變成一座迷宮，讓觀眾自行編故事，選擇不同的路線，看到不同的作品。

為什麼泰國文創發展得那麼好？答案是……

除了恰圖恰、Artbox 等草根型的市集鼓勵當地人創作外，泰國的文創產業發展，當然也跟政府的政策和推動有很大的關係。

◆ 官方推廣 1
曼谷國際禮品傢飾展
（Bangkok International Gift Fair and
Bangkok International Houseware Fair，
簡稱 Big and Bih）[1]

每年四月及十月在曼谷國際貿易展覽中心（Bangkok International Trade & Exhibition Centre，簡稱 Bitec）舉行的禮品傢具展，2016年十月已邁入第四十屆。如同其名，其最重要的任務，當然就是將泰國最新的禮品和家飾產品設

計呈現在國際買家／訪客面前,讓大家更加了解泰國固有的文化傳統以及令人刮目相看的創造力。

依照慣例,每年我和另一半都會造訪這個在東協,甚至亞洲都頗規模及影響力的展覽至少一次,看看最新的潮流。40,000 平方公尺(約 1 萬 2 千多坪)的展覽空間裡,有著一千多個攤位,可分為手工藝品、香氛產品、設計專區,數量之多,可能要花上一整天才能逛完,建議去之前先儲備好體力,看展才能盡興。

◆ 官方推廣 2
Design Excellence Award(DeMark)[2]

效法日本 Gmark 設計獎(Good Design Award),泰國政府於 2008 年創辦了 Demark,為泰國最重要的設計獎,鼓勵泰國設計師創造出高品質、有國際競爭力的商品,獎項包括傢俱、生活風尚、服裝、工業、包裝、平面設計等六大

部分。每年七月得獎作品展出時，我都會去報到，接受一下設計的洗禮。也因為幫泰國雜誌撰稿的關係，這兩年來有幸訪問到兩組獲獎設計師／設計公司，一為 Sasivimol Chaidaroon，她利用 42 度角光線遇水而產生的折射及反射現象而設計出一系列飾品；一為 Thinkk Studio，其產品設計混合泰式手工藝傳統與現代工業風。這些皆讓我感受到了他們獨特的創意以及對設計的熱情。

◆ 官方推廣 3
一鄉一產品展
（One Tambon One Product，簡稱 OTOP）[3]

在與國際接軌的同時，泰國也沒忘記固有的文化傳統。

泰國國土龐大（面積有 513,120 平方公里），每個區域的文化傳統、所盛產的原料素材與特色產品等等都有著些許不同，若沒被充分利用，或被大家所知道，實在有些可惜。所以，從 2001

年開始，泰國政府實施了 OTOP 這個專案：從每個分區（泰文的 tambon 即為英文 sub-district 之意）選一件代表性的產品（也許是手工藝品，也許是食品，又也許是服飾）來輔導行銷。此外，也會評審產品級數（一星至五星），藉此鼓勵當地（村落）居民把寶貴的技術知識傳承下去並發揚光大，同時也增加他們的競爭力、改善他們的生活。

　　每年六月的年中展（OTOP Midyear Fair，在曼谷的 IMPACT 會展中心舉辦），也是我和另一半必去的活動，畢竟泰國各府的特產能齊聚一堂，算是難得。所參與展出的 OTOP 產品相當豐富，不過我們比較偏愛南邦府（Lampang）的陶瓷、東北伊森區（Isan）的補丁風被子、清邁的紙藝品、彭世洛府（Phitsanulok）的香蕉乾等等。如果沒能造訪，也別擔心，因為現在通路廣泛，如此特色商品在 Otop Today 網站上[4]、曼谷蘇凡納布國際機場內，甚至泰航上都可購買到！

　　順帶一提！說到 OTOP，就不禁讓我聯想到富有「泰式手感」的生活小物，儘管平凡到有些

微不足道，但卻充滿溫度，讓人印象深刻。像是，
前面提到象徵好運和敬意的花串（泰文為 Phuang
Malai）、用香蘭葉（有驅蟲功效）所做成的花、
在裝水的小圓玻璃容器中放置白花，均有著高雅
風尚。

3 老城區，新生命

　　從市中心進入舊城區（Rattanakosin）[1]後，曼谷的面貌從百貨公司／購物中心、高樓大廈，變成具歷史的佛寺古蹟，以及很久以前由中國東南沿海移民所帶來的街屋建築。過去，位於街屋的店面，像是小雜貨店、小吃店、傳統糕餅店、裁縫店、相框店等等，因為士紳化（gentrification）的關係，逐漸由受年輕人歡迎的藝廊、個性咖啡店、有設計感的青年旅館所取代，整個區域的氣氛頓時活絡了起來！老城區、新生命的組合，也譜出了特別的樂章。

舊城區的街屋建築模樣，越來越多藝術展覽空間、咖啡店、青年旅館進駐，取代老舊的商業形態。

　　附近的石龍軍（Charoenkrung）路一帶更是。於拉瑪四世時所建的石龍軍路（靠近 BTS Saphan Taksin 站），為曼谷第一條現代道路，歷史意義重大。藝文界人士認為，其豐厚的文化傳統能激發創作者靈感，增進整體創造力，在他們的鼓吹及政府的支持之下，石龍軍路一帶，過昭披耶河到對岸的 Charoen Nakhon 路這部分現在變成了創意特區（Creative District）[2]，許多藝文展覽空

間在此設點，每隔一段時間還會聯合舉辦藝廊走跳活動（The Creative District Gallery Hopping Night），邀請大眾前來參與，喚起大家對本土藝術的支持，並激發新的創意。

今年 2017 年，推動泰國「創意經濟」的重要機構，泰國創意設計中心（Thailand Creative and Design Centre，簡稱 TCDC），也即將搬入，進駐此區擁有八十年悠久歷史的郵政大樓（Grand Postal Building）中。其實早從 2015 年開始，TCDC 就與泰國健康促進基金會（Thai Health Promotion Foundation）合作，推出一系列的 Co-Create Charoenkrung 活動[3]，邀請當地居民、設計師等共同創造石龍軍路一帶的專屬文化，而可想而知的，明年之後這區的文創發展會更加蓬勃。

設計 TCDC 的泰國名建築師 Duangrit Bunnag（也是創意特區的支持者之一）在昭披耶河彼岸所建的 The Jam Factory 也是此區重要的文化據點。原本為製冰廠、電池工廠，以及醫療用品製造廠的 The Jam Factory，現在不僅是

Duangrit Bunnag 的個人事務所，更是個藝文空間，園區內設有書店、展覽場地，並不時舉辦表演、市集等活動[4]，在保存了此區部分歷史的同時，亦鼓勵新舊文化交流。

然而，由政府發動的「河岸步道興建計畫」（Riverfront Promenade Project）近來在泰國報章雜誌、臉書上吵得沸沸揚揚的。同樣是在河岸邊，但 Duangrit Bunnag 等藝文界人士卻不怎麼贊同[5]，各方人士還共同成立了 Friends of the River 組織，希望藉由所舉辦的活動，例如演說，來影響政府的決策。政府方面則認為，趨於老舊

（左）The Jam Factory 內的咖啡店、書店所在地。
（右）辦公區和藝廊圍繞著中間草坪而設，往河邊走還有泰式料理餐廳。

的河岸有必要重新整頓規劃，好讓人民接近、使用[6]，首先擬定在曼谷的 Rama VII 及 Pin Klao 兩橋間的河岸兩邊各建一條七公里長的人行步道／腳踏車騎道（未來計劃延伸至 140 公里）[7]。

　　儘管如此，很多人認為這項計劃只花了大約七個月的時間研究，不夠深入，參與人士之專業面向也不夠廣泛，無法提供周全的考量，期間又缺乏公聽會，民眾的疑問擔憂無法達到答覆。長久住在河邊社區的人之撤離，更讓人更加擔心昭披耶河畔的獨特人文、地理景觀會被破壞，沿岸計畫建設的 3.7 公尺高水泥擋水牆，也令人憂心原本就極為嚴重的淹水問題會更加惡化[8]……

雖然此興建計劃似乎終究還是將於今年2017 年開始執行，但看到這麼多基於文化／環境保護的關心動作，也讓我思考「老城區，新生命」這議題。

　　隨著城市的發展，建設的計畫漸漸移往了老城區，老舊區域的振興真的需要好好思考；老不見得代表不好，新也不見得就一定好。又，適用於某地的方案不一定適合世界其他角落，還是要考量歷史背景、民意、專家建議，才能知道什麼樣的建設開發對整個大環境比較有利，也才能讓當地文化及經濟發展更優質、更永續。

老風味帶你逃離喧囂
具有文化歷史的經典電影院

說到電影院，曼谷還真不缺呢！各大百貨公司裡都有，好萊塢的強檔新戲你一定不會錯過。有些電影院更是高級，不僅有寬大舒適的座位，還另附枕頭、毛毯，甚至還提供餐點飲料，給你超級 VIP 等級享受。

但是，如果你跟我一樣不怎麼在意這些，只希望看得更有「味道」，那就一定要光顧以下三個經典、值回片票價的（都只要泰銖 100 出頭）電影院。此外，這三家電影院對我而言，是喧擾曼谷中的淨土，到這總是可以享有一絲寧靜，希望大家一起保存它們的獨特。

精緻有氣勢的 Scala

建於 1967 年的 Scala，位於市中心繁榮的 Siam Square 商圈內（BTS Siam 站），為當年最豪華的電影院。雖然歷時已久，但從建築設計細

（左）購票處。
（中）看看這超豪華體面的吊燈和 Art Deco 燈飾！此為上階梯後往入口方向拍照。
（右）電影廳前。

門口前的復古看板。

節中仍能看出端倪。

　　記得第一次去的時候，看見門口復古的看板，讓我感覺好像來到了曼哈頓中城百老匯劇場前。踏著寬大的階梯進入後，精緻又有氣勢的大型吊燈，搭配內部拱形構造頂端的 Art Deco 花形燈飾逐一映入眼簾，難怪它的名字就叫 Scala（義大利文，為樓梯之意）[2]。唯一的電影廳內雖然沒什麼設計，卻同樣氣派：擁有 800 多個座位和寬大螢幕，且螢幕前還有現在已不多見的黃色布幕和舞台呢！到這裡看場電影，不管是好萊塢票房電影，還是較不為一般大眾所知的非主流電影，絕對別有一番風味。

古早味的 Lido

　　和上述 Scala 同屬 Apex theatre Group，所以與其有許多相似點：建立年代、所在位置、播放的電影種類。不過因院內有三個廳（每廳有 100 至 200 座位），提供的電影選擇較多。雖然沒有豪華氣派的建築裝潢設計，僅位於一棟平凡的商用建築中，但整體感覺還是很經典。我尤其喜愛院內所展示的電影時刻表，僅用紙張簡單印出，然後用大頭針訂在金框櫥窗內的紅絨布上，相當有古早味。

（上）售票櫃台前的經典電影播放時刻表。
（下）電影廳所使用的用色也頗復古。

▲ 小提醒　**小八卦**

還有另一間復古電影院[3]？
據說之前 Apex theatre Group 旗下還有另一個電影院叫 The Siam，但它在 2010 年紅衫軍事件時被燒掉了，因此所剩下的這兩家戲院更顯其歷史價值。又，聽說它們的地主朱拉隆功大學因財務考量，有意將這兩個電影院的所在地收回作為別的用途，不知現在情況發展如何了。真心地希望促進新舊交融的它們能長久待著呢！

（上）入口處、近電影廳的休憩區。
（下）內部裝潢很有味道吧！很讓人期待即將看到的電影。

文藝風的 House RCA

比起前面兩個，這個電影院較新，才剛過十二週年。位於曼谷著名的酒吧夜店區 RCA，是個 boutique 戲院來著；其內有兩個廳，不怎麼播主流電影，常播獨立製作、得獎的文藝類型外語片和泰國本土電影[1]，吸引很多文青前往。它那有如復古電影場景一般的內部裝潢：整體色調偏暗，搭上有些昏黃的燈光，相當能襯托出所播放的電影類型，領人進入情景。

記得前年我在這看了一部由泰國名新生代導演 Nawapol Thamrongrattanarit 所導的 Freelance ／ Heart Attack（有英文字幕），整齣戲取材相當平凡（敘述一個自己接案的平面設計師為了現實生活沒日沒夜地趕稿，忘了人生的其他面，並搞壞了自己的健康，到醫院看病時遇到一位開朗的女實習醫師，對她發展出獨特的情愫），但卻非常細膩寫實，讓我心有戚戚焉，至今仍回味無窮。

◆ 小提醒　**泰規矩**
在泰國看電影前，都會播放《頌聖歌》電影短片，大家要記得站起來以示尊敬喔！

5

不可錯過！
其他重要的藝文空間

除了前篇提到的，我也再私心推薦以下幾個
拜訪曼谷時，不可錯過的建築＆藝文空間。

保存傳統泰式建築的
Jim Thompson House [1]

在泰絲以外，Jim Thompson 還保存了泰式
傳統建築。據說他 1967 年到馬來西亞度假後便
離奇失蹤，至今仍下落不明。雖然至今沒能歸
來，不過他的住所卻被保留了下來，還變成了博
物館，開放給大眾前來參觀長知識。

座落在市中心的 Jim Thompson House，在
BTS National Station 站附近的一條小巷中，館內
氣氛恬靜，像是個世外桃源。入場後，即可看到
維持頗佳的傳統泰式建築，還有工作人員展示泰
絲製作過程，以及導覽人員介紹 Jim Thompson
生前所住的建築內部。

曾是建築師的 Jim Thompson，親手設計規劃自己的住所是可想而知的。基於泰式傳統建築不用任何釘子、建料輕盈（大多為木材，好一點的用柚木，像 Jim Thompson House 就是）、拆卸組裝皆容易等特性，當時 Jim Thompson 到處尋找心儀的建築，後來在附近的村落，甚至較遠的大城（Ayutthaya）相中來自不同年代的六棟房屋（最古老的可追溯至十九世紀），將其運送到曼谷來。如同一般泰式傳統建築考慮到當地氣候，這六棟房屋也是「屋頂高聳」方便熱空氣上升，保持室內的涼爽；「底層高架」促進空氣流通外，雨季時也可使房屋不受淹水影響。

　　除了建築本身，房屋內部還存有年代久遠的藝術古董裝飾品。據說泰國人對佛像相當敬重，通常不會將其做為家飾品，所以因房屋改建而遺留下來的佛像、佛教相關畫作等等受到西方人大舉收集、收藏，Jim Thompson 也不例外。他不僅有獨特的鑑賞力，也有高超的擺設混搭功力，讓整體空間散發獨特風格。Jim Thompson House 其中一棟房子的大門區域，就運用了 19 世紀曼谷

（左上）館內傳統泰式建築細節 1：屋角上尖尖的凸出部分名為 naga。

（右上）細節 2：傳統泰式建築的側面多為大面窗戶，幫助空氣流通。

（左下）傳統泰式建築底層通常會架高，促進空氣流通，雨季時也可使房屋不受淹水影響，平時則可利用此空間來做些活動。

（右下）像是在 Jim Thompson House 館內的蠶絲製作示範，就是在架高部分舉行。

宮殿裡所使用的義大利黑白大理石，搭配木製房子，別有一番風味。

據說 Jim Thompson 還有遵循佛教傳統，請教和尚適宜的動工時間；和尚指示良辰吉日為 1958 年 9 月 15 日早上九點（至隔年的四月完工）。Jim Thompson 在建造自己住家的同時，還間接保存了泰國傳統建築、古董藝術，讓整個家具有文化歷史的重要性。從此來看，這時辰果真很好呢！

小提醒　**泰規矩**

Jim Thompson 生前所住的建築內部可以參觀，但不允許拍照。

推廣英語文學文化的
Neilson Hays 圖書館[2]

　　Neilson Hays 圖書館一直扮演著「生活在泰國的外國人的文化集會中心」之角色。其淵源可追溯到 1869 年時，一群來自英美、喜歡閱讀的女士們，成立了一個圖書組織（Bangkok Ladies' Library Association），將藏書租借給大眾。一開始圖書租借活動僅在個各成員家中舉行，不過在一名重要成員 Jennie Neilson Hays 逝世後，她的先生 Dr. Thomas Heywood Hays 決定建立一棟專門的圖書館，也就是現在的 Neilson Hays Library，來紀念她對英文文學推廣的努力。

　　這位 Dr. Thomas Heywood Hays 請來義大利建築師 Mario Tamagno 建造設計此圖書館，其半球體圓頂、拱形構造等特色，讓此建築充滿古典地中海風情。而且，建築師還特別做了雙層牆面以防止書籍受潮，並把窗戶設高好增加室內採光，方便館內民眾閱讀。

　　Neilson Hays 圖書館在 1922 年開放，即使經過那麼長一段時間，至今仍被保存良好，並持續著它原本的使命。1986 年時還被暹羅建築師協會（The Association of Siamese Architect）列為古蹟，可見其文化歷史重要性。

（左）圖書館前有個舒適的小院子，現在旁邊也增加了一個咖啡店。除了租借英文圖書外，定期也舉辦藝術展覽和讀書會等活動，是生活在泰國的外國人的一重要文化集會中心；位於 BTS Sala Daeng 站附近。

（右）圖書館大門外觀。

（下二）圖書館內部樣子。

促進泰國現代藝術發展的
Bangkok Art and Cultural Center
（BACC）[3]

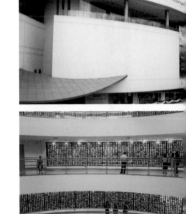

說到曼谷藝文空間，必定要提到 BACC。即使 2008 年才開幕的它，年代不及前面二者久遠，但是它在泰國現代藝術發展上卻扮演著極重要的角色。它不但增進了泰國藝術家之間，更可促進泰國與國際之間的藝術文化交流，並提供大眾一個藝文學習場所。

要做到此，空間設計上當然要美觀、功能兼具。BACC 整個空間繞著中庭而設，為圓弧形，跟紐約古根漢美術館的設計概念有點相像。訪客可從一樓的展區開始逛，搭乘手扶梯到各樓層，參觀展覽或精選文創商店。這裡有時也會舉辦獨立影片放映會、文學提倡活動等等。到此除了接受藝文的洗禮外，我最喜歡站在寬敞的迴旋走廊上觀望四周，欣賞眼前的遼闊，享受一絲清閒。

圓弧形設計的 BACC，外觀和內部；位於 BTS National Station 站。

（左上）BACC 內的展覽空間。

（右上、左下）還有文創商店、咖啡店。

（右下）設在迴旋走廊旁的繪畫速寫小攤。

Not your typical shopping mall

以「人」為本的 Community Mall

　　美國有 Community Mall，曼谷也有。這些地大的地方（曼谷市面積有 1,569 平方公里，台北只有 272 平方公里），區域和區域間的距離相對較遠，所以每個地區都設有 Community Mall，這樣民眾不用到市中心，也可以買到生活必需品或是小小的血拼一下。

　　最近曼谷竄出的 Community Mall，不如以往的制式，建築設計上更以「人」為考量。令人放鬆的休憩區散布在開放式空間的各個角落，氣氛更加舒適了，訪客可以選擇把餐點帶到戶外享用，即使不消費，也可以與家人朋友過來坐坐聊聊天，就像是自家的院子般。進駐的店家種類也較不同，少了些連鎖店，多了些文青風格商店，感覺更有質感、更精緻了。

The Commons

　　隱身於許多時尚潮人聚集的 Thonglor 區內的一條小巷子裡。灰色水泥外觀亦相當簡樸低調，佔地也不大，目前內部商店只有 30 家左右，儘管如此，自從前年底開幕以來佳話不斷。雖然大多數商家為餐飲店，像是咖啡烘培店、麵包糕餅店、精緻的小型市場（一樓 Market 區）、人氣早午餐餐廳（頂樓 Top Yard 區），不過 The Commons 可不僅止於此！誠如上述，它的特色就是中庭休憩部分。

　　木製樓梯貫串了幾個樓層，空間上更有層次感，隨處可見的座位提醒大家放慢步調，享受人生，當中所種的綠色植物亦加深了整個空間的溫度。查閱了網站才知道，這似乎也是創建者的初衷呢！「The Commons 不只是購物中心，更是一個社區、一個附近居民共享的後花園。」的確，如此的設計概念也使它得到了去年世界建築展（World Architectural Festival 2016）購物空間高評價獎項（highly commended award on shopping）！

（上二）「The Commons 不只是購物中心，更是一個社區、一個附近居民共享的後花園。」的確，The Commons 開放的中庭部分讓整個空間寬敞舒適，吸引民眾前來用餐休憩。
（下二）To see and to be seen，一樓 Market 區的開放式店家展現了隨性氛圍。除了餐飲店家外，The Commons 還有花店、復古服飾店（二樓 village 區），瑜珈工作室、兒童遊戲學習間（三樓 play yard 區），各個具備獨特風格！

以「人」為本的空間設計吸引大眾紛紛前來，一點都不在意它離捷運站（BTS Thonglor）有點距離。精心打扮卻又顯得隨性的人潮坐在餐飲店的開放式吧台座位上，一邊輕鬆地用餐，一邊看著過往的人們或與友人交談。而且，到這邊除了看人，不知怎麼的也有股被人欣賞的衝動，to see and to be seen。

正如創建者所望，The Commons 成功地帶給了曼谷一個不同的 Community Mall，重視生活品質、熱愛生活風尚的人士也又有了一個落腳的地方。

Habito

Habito 可是大有來頭！它為泰國著名建設公司 Sansiri，以及 Monocle 雜誌主編 Tyler Brûlé 底下創意公司 Winkreative 共同合作下的產品。品牌形象設計相當有力，名字來自於英文的 habitat（居住地之意）及日文的 hito（人之意）[2]；從「人」字形商標就可看出其建築設計的出發點。

住在 Habito 附近的大量外國人口（其中以日本人居多）通常較富裕，Habito 的成立滿足他們在生活上的需求，在此同時也提供了其它曼谷市民一個不一樣的空間。跟 The Commons 一樣，它也在開放式的空間內擺設可休憩的座位，綠意更隨處可見。店家選擇方面雖沒有 The Commons 的精緻，但在所有店家中最特別、最為人稱道的就是進駐的共用工作空間（co-working space）HUBBA-TO 了。

因為工作方式的逐漸改變，越來越多人選擇自己創業，發揮自我長才，所以共用工作空間有如雨後春筍般地冒出，曼谷也不例外。HUBBA 是曼谷共用工作空間界中頗為推崇的，主要原因在於，它在供應工作空間給創業公司（start-up）、自己接案的自由工作者（freelancer）外，也常舉辦交流活動（networking events），會員藉此可增長見聞、學習成長，而如此「社群」概念也呼應了 Habito 的創立宗旨。

位於 Habito 的分店 HUBBA-TO 秉持同樣的觀念，除了工作空間，還特別規劃出了暗房、陶

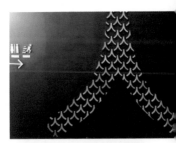

（上）有力的品牌形象設計，「人」字形商標；位於 BTS On Nut 站附近，到站後還要搭乘接駁車才能抵達。

（下）Habito 內部景象，跟 The Commons 一樣為開放式空間，綠意、休憩的座位隨處可見。

藝空間、食物製作實驗室等[3]，供企業和民眾租借，並定期舉辦創意、手工藝課程，像極了這區的文化中心，啟發大眾創意生活。親自光顧了之後，覺得還不錯！工業風的工作空間明亮開放，但又有該有的隱祕性（共用的長桌中間設有高度適中隔板），讓人可以專心、放心工作。工作累了，還可以到窗戶前眺望昭披耶河轉換心境，或到樓下的咖啡店，一邊享用愛樂壓（aeroppress）咖啡，一邊沉澱心靈。

（左）共用工作空間 HUBBA-TO 內部。
（右）一樓的愛樂壓咖啡店；露出的綠色管線為主要的建築特色，呼應 HUBBA-TO 品牌用色，也為工業風的空間注入一些生氣。

7

風靡曼谷咖啡控，
文青的精品咖啡烘培店

近來，世界各大城市的咖啡店裝潢、設計，感覺上幾乎同出一轍？工業風，搭配有綠意點綴的空間似乎是個不成文規定。在曼谷這個裝潢設計出色的城市裡，文青等文化先驅者，現在似乎更追求一種「知識感」：重視咖啡豆來源、咖啡烘培、咖啡沖泡方式、其他相關知識學習等等，如此的精品咖啡店，已在這裡成為一股風尚。

知性的 Ceresia Coffee Roaster

也許是因為咖啡豆長在外形像櫻桃的果實中[1]，所以 Ceresia（櫻桃之意）以此為名。這個由「泰國—委內瑞拉」家族經營的咖啡烘培店，對咖啡可是一點都不馬虎，展現出相當專業之感。裝潢簡單的店內，展示了精心挑選的當季咖啡豆，是他們直接跟泰國、哥倫比亞、薩爾瓦多等單一產區（single origin）農場或是咖啡種植者合作組織購買[2]，之後再自行烘培，且每次只烘培少量，以保持咖啡豆的原味和新鮮[3]。

Ceresia 的分店之一位於 MRT Silom 附近，步行約七分鐘，還蠻方便的。裝潢簡單的店內有著當季單一產區咖啡豆，以及製作拿鐵等義式咖啡所需的綜合咖啡豆。

因為不習慣口味太重和太酸的咖啡，擁有專業知識的店員推薦我試試來自清邁某家族農場的豆子：Farmer Project。之後，店員當場幫我研磨、手沖咖啡，店內還貼心地提供有關各咖啡豆來源和味道的介紹單子，可以邊喝邊閱讀邊長知識；單子上寫說我的豆子「sweet and juicy, nutty like walnut with caramel and sweet cherry notes, medium body and mild in acidity with a pleasant aftertaste.」的確，味道的層次真是比美式／義式黑咖啡豐富太多了，也可以直接感受到原本咖啡豆的特殊風味。

（左）選好咖啡豆後，店員專心地幫我做手沖咖啡。
（右）杯子上套有咖啡豆的名稱，旁邊則是介紹咖啡豆的單子。

雖然不是很容易到達（搭乘 BTS 到 Thonglor 站後還需坐摩托計程車），Roots Coffee Roaster 還是吸引許多熱愛咖啡的文青前往。

創意十足的 Roots Coffee Roaster

　　Roots 咖啡烘培店是由 2014 年泰國咖啡師冠軍 Varatt "Tae" Vichit-Vadakan 所成立[4]，原本在 Ekkamai 的小巷弄內，2016 年初才搬進由他自己創立的 The Commons 內。據說，Roots 的名稱來自於 going back to your roots[5]，所以除了直接跟國外優良單一產區農場進咖啡豆外（之後再自行烘培），亦跟一些泰北咖啡小農合作，以幫助他們增加收入、增進農場狀況，並希望有朝一日泰國所產的咖啡豆也能躍上國際。

　　聽說當他們還位在 Ekkamai 的時候，店內走的比較是手沖單品風，移店至 The Commons 後，雖然仍有這選擇，卻較以冷泡咖啡（cold brew）出名，並擁有一票死忠的支持者。

冷泡咖啡就是將研磨過的咖啡粉隔著濾布，泡在涼水中長達 12 個小時（以上），以萃取出更為順口的咖啡[6]。為了以更便利的方式將新鮮的咖啡呈現在顧客面前，Roots 特別用了類似生啤酒那樣的機制，直接壓取出冷泡咖啡，聽說許多人就是衝著這個亮點而來。除此之外，另一個亮點為定期所推出的創意咖啡，例如我造訪時正主打 Berry Christmas，為一款以冷泡咖啡搭配紅莓醬及碎冰，裝飾上乾燥橘片和迷迭香的飲品，造型美觀、清涼可口，即使十二月的曼谷已漸漸轉涼，仍相當熱門。

（左）這台機器就是 Roots 著名的類似生啤酒機制，可以直接壓取冷泡咖啡。
（右）當季創意冷泡，超吸引人的！他們自行烘培的咖啡豆頗受歡迎，我造訪時剛好賣完了。

似咖啡教室的 Pacamara Coffee Roasters x Specialty Coffee Lab

　　來自清邁的 Pacamara 咖啡烘培店，最近在曼谷的 Thonglor 區開了第二家分店，而這不只是一家咖啡烘培店而已，更有場地提供專業的咖啡教學。儘管如此，店內一點壓迫感都沒有，位於幽靜小巷裡的它，整體氛圍反倒輕鬆舒適。

　　在店內可以看到兩大台咖啡烘培機，烘培著來自非洲、中南美洲、泰北單一產區的豆子。吧

（左）一進門處。
（右）吧台上可看到氮氣咖啡機制，不同於 Roots 咖啡烘培店裡的冷泡機制所壓取出的咖啡，這裡的咖啡表面有著類似生黑啤酒的泡沫。

台上還設有氮氣（nitro）咖啡機制。氮氣咖啡在最近一兩年竄紅，聽說是從美國文青重鎮波特蘭（Portland, Oregon）發展出來的；就是在咖啡中加入液化氮，如此一來咖啡的表面就會產生像生黑啤酒一般的綿密泡沫，口感也會比較滑順[7]。不過我試了一口後，覺得有股說不出的奇特味道，因此還是點了牛奶冷泡咖啡。他們的冷泡是由綜合咖啡豆製成的，第一口感覺有點重，帶有焦糖、巧克力的味道，慢慢的越來越順口，等你來體會。

（左）吧台上放置了一排製作咖啡器具，是不是很像個咖啡教室呢？
（右）店內的咖啡烘培室。

用創意解決國家民生問題
看似平凡卻富文化深度的飲食伴手禮？

文創總是給人一種很美好的感覺，美好的視覺設計，美好的空間設計……。然而，最終極的創意設計，也許不是表現在視覺上，而是有效實際地去解決生活上的難題，造福人群。就如以下幾個泰國食品伴手禮，各個看似簡單平凡，卻都代表著相當的創意、深度和文化意義。

王宮實驗農場：皇家牛奶片[1]

1960 年代時，已故泰王普密蓬·阿杜德為了國家農業發展，在自己的王宮 Chitralada Villa 開闢了稻田、牛奶廠、養殖魚場、農作物種植場等等，好先自行實驗，再把相關知識、模式傳授給人民。

其中的牛奶廠就頗具重要性。在要開設前，聽說已故泰王普密蓬·阿杜德特地飛往丹麥，參觀考察當地的牛奶廠和牛奶加工廠；它的成立首

聽了牛乳片這麼多佳言，我也想買包來試試，但我家附近的商店每次都缺貨。有一次居然有幸在一家超市裡發現了，所以趕緊買了一包，吃了之後覺得比別家的牛奶片不甜，牛奶成分又那麼高，難怪這麼受歡迎。它在便利超商和超市，或是皇家計劃商店都可以買得到。

次將「牛奶」介紹給泰國人民，增進泰人營養。然而，由於泰國的天氣關係，加上當時的牛乳保鮮不易，於是已故泰王普密蓬·阿杜德又成立了奶粉廠（Suan Dusit Milk Powder Plant），奶粉廠研發出了直到現在都很暢銷的牛乳片（商標圖誌下寫著 Suan Dusit Milk Powder Plant，不過我們慣稱它為皇家牛奶片）。

　　這包牛乳片的牛奶成分含量高達七成（不過糖分也不低），然而一包 25 公克只要 15 泰銖，深受當地人喜愛，另一半就說他小時候很愛吃。又，可能因為牛乳片在其他國家較罕見，所以台灣和大陸旅客一到泰國／曼谷都必買這個回去當伴手禮，造成了非常大的搶購風潮。

皇家計畫：Doi Kham 水果類產品[2,3]

前面篇章有稍微提過，已故泰王普密蓬·阿杜德生前巡視泰北山區的時候，發現了當地的部落居民不懂得如何永續地種植自給自足的農作物，導致生活困苦，所以決定在泰北設立「皇家計劃」（Royal Project），教導他們如何種植溫帶蔬果等等，並如何有效利用農地，好讓他們能夠維持生計。其中一個最具代表性的為，位於清邁近郊山區的 Doi Kham。

泰文 Doi 是山的意思，Kham 是金的意思，合在一起的意思有人說是：只要當地人民懂得如何自給自足，此區其實是座富滿寶藏的「金山」。Doi Kham 這個皇家計劃成立於 1960 年代，農場裡種植了種類繁多的蔬菜水果、花朵、藥草等等，後來還自成品牌，出產果汁、果醬、水果乾等以水果類為大宗的自有商品，價格不高且皆不添加防腐劑和人工香料。

以前還不認識這個品牌的時候，我都隨便抓些泰國盛產的水果乾當作做伴手禮，想說應該都差不多吧，但現在我一定選 Doi Kham 品牌，因為美味之餘也很健康，又很有社會意義。

上面數來第二到第四層為 Doi Kham 果汁（其下為 Doi Tung 夏威夷豆）。Doi Kham 果汁、水果乾、果醬等產品在便利超商和超市，或是皇家計劃商店都可以買到，另外它也有自己的專門店。

全方位發展計劃：Doi Tung 咖啡[4,5,6]

位於清萊的董山（Doi Tung）在二三十年前聽說種滿了罌粟花（可製作鴉片等毒品），是毒梟的大本營。後來，已故泰王普密蓬‧阿杜德的母親詩納卡琳王妃（Princess Srinagarindra）希望能改變這樣的情形，以幫助當地貧困的山區部落居民，使他們能自給自足過生活，所以在 1988 年左右成立這個發展計劃，同時她也在此養老，親自督導發展。

改頭換面的董山，主要種植、出產阿拉比卡（Arabica）等的咖啡豆以及堅果／夏威夷豆，其中以前者最為著名。因為，咖啡的種植不但取代了罌粟花，更提供部落居民一技之長，讓他們的生活更趨穩定，而此舉也獲得了聯合國毒品犯罪（United Nations Office on Drugs and Crime）的認可勳章。

不只是如此意義而已，董山的咖啡豆品質頗高，生長於海拔 1000 公尺的山區，熟成後以手工摘取挑選、細心烘培研磨，又因全程由有機方式種植，所以不含有害毒素。而且，為了讓大眾

可以直接品嚐咖啡風味，除了在市面上銷售外，還設立了專門咖啡店（計劃區內和曼谷各地）。會如此優質，是因為整個生產環節都由董山發展計劃包辦，沒有中間商的剝削，所以價格維持頗低，200 公克的咖啡豆只要泰銖 200 多塊，所得收入也使部落居民得以過更好的生活，何樂而不為呢？

Doi Tung 咖啡在架上最上層；Doi Tung 的咖啡、夏威夷豆常可在超市看到。Doi Tung 還有生活風尚專店，賣家飾產品等等。

參考資料／資料來源

◆ 導讀

[01] http://www.commonhealth.com.tw/article/article.action?nid=66259

[02] http://www.healthlandspa.com/spamenu.html

[03] http://blogs.cornell.edu/cornellmasterclassinbangkok/2012/02/21/evolution-of-spa-in-thailand/

[04] http://www.watpomassage.com/2014/index.php?r=/site/article&id=16

[05] 《非常泰》（Very Thai: Everyday Popular Culture）Philip Cornwel-Smith 著

[06] http://womany.net/read/article/9323

[07] http://www.nownews.com/n/2009/11/02/800057

Chapter1.1

[01] 《曼谷》（Bangkok: The Monocle Travel Guide Series）Monocle 著

[02] http://magazine.businessweekly.com.tw/Article_page.aspx?id=25503

[03] https://en.wikipedia.org/wiki/Thai_Chinese

[04] http://bangkok.coconuts.co/2016/05/16/banned-sidewalk-vendors-set-food-carts-street

[05] http://www.bangkokpost.com/learning/learning-news/458418/bangkok-ugly-wires-may-go-underground-photos

[06] https://zh.wikipedia.org/wiki/ 东南亚国家联盟

Chapter1.2

[01] 《我們是東協》（We are ASEAN: Thailand）Pattamaporn Kamtoh 著／ Voralak Suwanvanichkij 譯

[02] http://www.bangkok.go.th/main/page.php?&354&l=en

[03] https://en.wikipedia.org/wiki/Thailand

◆ Chapter1.3

[01] http://www.bangkokpost.com/learning/learning-news/657168/bike-for-mom-2015-updated

[02] http://www.bangkokpost.com/learning/easy/791705/today-bike-for-dad

[03] https://zh.wikipedia.org/wiki/ 拉瑪五世

[04] https://zh.wikipedia.org/wiki/ 普密蓬・阿杜德

[05] http://www.nationmultimedia.com/news/kingdomgrieves/30298841

[06] http://www.storm.mg/article/76043

[07] http://www.bikeformom2015.com/concert.php

https://www.bikefordad2015.com/about.php

[08] http://www.thaiwaysmagazine.com/thai_article/30-07_the_royal_chitralada/the_royal_
chitralada.html

[09] http://www.tsdf.or.th/en/royally-initiated-projects/10757-the-royal-project-foundation/

[10] http://www.chiangmai-chiangrai.com/doi_kham_royal_projects.html

 Chapter1.4

[01] https://youtu.be/Y6vAGljWVxk

[02] http://www.bangkokpost.com/archive/one-year-mourning-period-set/1109700

http://www.tatnews.org/recommendations-regarding-mourning-period-for-his-
majesty-king-bhumibol-adulyadej/

[03] http://edition.cnn.com/2016/10/14/asia/thailand-king-bhumibol-adulyadej-death/

[04] http://www.channelnewsasia.com/news/asiapacific/grand-palace-opens-doors-for-
condolence-book-signing-for-thai/3208344.html

[05] http://www.bangkokpost.com/news/general/1135045/royal-anthem-video-released

[06] http://www.bangkokpost.com/archive/palace-opens-to-massive-crowds/1122200

[07] http://bangkok.coconuts.co/2016/10/17/amidst-reports-thais-criticizing-those-not-
mourning-colors-government-says-be

Chapter1.5

[01] http://www.thebigchilli.com/features/bangkoks-traffic-beaters

[02] http://bangkok.coconuts.co/2016/05/23/grabcopy-moto-taxi-association-boasts-
their-own-app-gobike

[03] https://www.pressreader.com/thailand/bangkok-post/20160728/282080571201119

Chapter1.6

[01] https://www.into-asia.com/bangkok/taxi

[02] https://www.grab.com/th/en/taxi/

[03] http://www.allthaitaxi.com/website/en/aboutus/index.php

[04] http://bangkok.coconuts.co/2016/12/07/following-online-ads-officials-threaten-arrest-
uber-drivers-again

Chapter1.7

[01] http://www.prachatai.com/english/node/5365

[02] http://www.transitbangkok.com/bangkok_buses.html

[03] http://www.bmta.co.th/?q=en/services

[04] https://zh.wikipedia.org/wiki/ 曼谷巴士路線列表

[05] http://www.train36.com/bangkok-public-bus.html

Chapter1.8

[01] http://www.bangkokmetro.co.th/ticket.aspx?Menu=3&Lang=En

[02] https://www.bts.co.th/customer/en/01-ticketing-type-sing-journey-ticket.aspx

[03] https://card.rabbit.co.th/en

[04] https://youtu.be/NByHC_ThTUQ

[05] https://en.wikipedia.org/wiki/MRT_（Bangkok）

[06] https://en.wikipedia.org/wiki/BTS_Skytrain

Chapter1.9

[01] https://www.into-asia.com/bangkok/tuktuk

[02] 《非常泰》（Very Thai: Everyday Popular Culture）Philip Cornwel-Smith 著

[03] http://www.pttplc.com/en/Media-Center/FAQ/Pages/FAQ-NGV.aspx

[04] https://www.artc.org.tw/chinese/03_service/03_02detail.aspx?pid=1545

[05] http://khlongsaensaep.com/about-history.html

[06] https://en.wikipedia.org/wiki/Khlong_Saen_Saep_boat_service

[07] http://khlongsaensaep.com/lines-route-map.html

Chapter 2.1

[01] http://www.thaiwaysmagazine.com/thai_article/2110_wai/wai.html

[02] 《文化通！泰國》（Culture Smart! Thailand: The Essential Guide to Customs & Culture）Roger Jones 著

Chapter 2.2

[01] https://en.wikipedia.org/wiki/Colors_of_the_day_in_Thailand

[02] http://www.storm.mg/article/100161

Chapter 2.5

《文化通！泰國》（Culture Smart! Thailand: The Essential Guide to Customs & Culture）Roger Jones 著

Chapter 2.6

《文化通！泰國》（Culture Smart! Thailand: The Essential Guide to Customs & Culture）Roger Jones 著

◆ Chapter 2.7

《文化通！泰國》（Culture Smart! Thailand: The Essential Guide to Customs & Culture）Roger Jones 著

◆ Chapter 2.9

[01] http://www.bangkokpost.com/photo/photo/1012929/a-day-in-photos-june-17-2016
[02]《文化通！泰國》（Culture Smart! Thailand: The Essential Guide to Customs & Culture）Roger Jones 著

◆ Chapter 2.10

[01] https://www.into-asia.com/thai_language/thaienglish.php

◆ Chapter 3.1

[01] https://zh.wikipedia.org/wiki/ 佛教历史
[02]《我們是東協》（We are ASEAN: Thailand）Pattamaporn Kamtoh 著／ Voralak Suwanvanichkij 譯
[03] https://en.wikipedia.org/wiki/List_of_Buddhist_temples_in_Thailand#cite_note-1
[04] https://zh.wikipedia.org/wiki/ 佛誕
[05] https://udn.com/news/story/5/1838420
[06] https://en.wikipedia.org/wiki/Nang_Kwak
[07] https://zh.wikipedia.org/wiki/ 佛曆
[08] http://www.watpho.com/history_of_watpho.php
[09] https://en.wikipedia.org/wiki/Wat_Saket
[10] http://www.epochtimes.com/b5/15/3/4/n4379630.htm
[11] https://zh.wikipedia.org/wiki/%E5%8D%AB%E5%A1%9E%E8%8A%82
[12] https://en.wikipedia.org/wiki/Asalha_Puja
[13] http://www.twword.com/wiki/%E5%AE%88%E5%A4%8F%E7%AF%80
[14] https://en.wikipedia.org/wiki/Thai_Buddha_amulet

◆ Chapter 3.2

[01] http://www.buddha-images.com/seven-days.asp
[02] http://blog.xuite.net/thaitingfeng/ttf/214519615 泰鼎豐 + 泰國生日佛 [星期佛] 介紹

◆ Chapter 3.3

[01] https://zh.wikipedia.org/wiki/ 和尚
[02]《文化通！泰國》（Culture Smart! Thailand: The Essential Guide to Customs &

Culture）Roger Jones 著

[03] https://zh.wikipedia.org/wiki/ 念 _[佛教]

Chapter3.4

[01] 《文化通！泰國》（Culture Smart! Thailand: The Essential Guide to Customs & Culture）Roger Jones 著

Chapter 3.5

[01] 《文化通！泰國》（Culture Smart! Thailand: The Essential Guide to Customs & Culture）Roger Jones 著

[02] https://en.wikipedia.org/wiki/Loi_Krathong

[03] http://www.riverfestivalthailand.com/?page_id=2&lang=en

[04] http://www.tatnews.org/event/loi-krathong-festival-2016/

[05] https://en.wikipedia.org/wiki/Loi_Krathong#Yi_Peng

[06] http://m.bangkokpost.com/news/general/1113268/yi-peng-festival-to-go-ahead-but-without-entertainment

Chapter 3.6

[01] https://zh.wikipedia.org/wiki/ 泼水节

[02] http://www.setn.com/News.aspx?NewsID=136866

Chapter 4.1

[01] http://visionthai.net/article/know-more-about-kway-teow-a-local-food-in-thailand/

[02] http://learnthaiwithmod.com/2012/09/how-to-order-a-thai-noodle-soup-dish/

Chapter 4.2

[01] http://edition.cnn.com/2016/08/08/foodanddrink/best-cities-street-food/

[02] http://www.tcdc.or.th/index.php?lang=en

Chapter 4.4

[01] https://www.facebook.com/globebangkok/posts/986524474799995:0

[02] http://www.healthatwork.gov.hk/tc/content.asp?MenuID=111

Chapter 4.5

[01] http://www.samsenvilla.com //

[02] http://englishnews.thaipbs.or.th/restriction-liquor-sale-time-takes-effect-today

Chapter 4.6

[01] http://tastythailand.com/kfc-home-delivery-in-bangkok-is-cheap-fast-and-convenient
[02] http://designtaxi.com/news/387580/KFC-Thailand-Creates-Limited-Edition-
Packaging-To-Convey-The-Message-Of-Speed/

Chapter 4.7

[01] https://www.mkrestaurant.com/en/history
[02] https://en.wikipedia.org/wiki/Thai_suki

Chapter 5.1

[01] http://travel.ettoday.net/article/415578.htm
[02] https://qz.com/118844/asias-mega-mall-boom-is-headed-toward-bust/
[03] 《a day Bulletin》雜誌／ 2015 年 9 月 7-13 日

Chapter 5.2

[01] 《曼谷》（Bangkok: The Monocle Travel Guide Series）Monocle 著
[02] http://research.kcg.gov.tw/Upload/EpaperFile/634804740747670594.pdf
[03] https://www.facebook.com/taradrodfi.Ratchada
[04] https://www.facebook.com/bamijompalung
[05] https://www.facebook.com/jjgreen59

Chapter 5.4

[01] http://www.thtceramic.com/history.htm
[02] http://bk.asia-city.com/travel/news/ratchaburi-art-normal-2-festival
[03] https://en.wikipedia.org/wiki/Sukhothai_[city]
[04] https://en.wikipedia.org/wiki/Sukhothai_Historical_Park
[05] http://www.bangkokair.com/pages/view/sukhothai-airport
[06] http://www.thaiwaysmagazine.com/hua_hin/hua_hin_attractions_mrigadayavan.html
[07] http://www.tourismhuahin.com/royal-palaces-huahin.php
[08] https://en.wikipedia.org/wiki/Hua_Hin_Railway_Station
[09] http://www.tourismhuahin.com/beaches-huahin.php

Chapter 6.1

[01] http://www.cw.com.tw/article/article.action?id=5004401

[02] http://creativity-online.com/work/thai-life-insurance-silence-of-love/23967

[03] http://research.kcg.gov.tw/Upload/EpaperFile/634804740747670594.pdf

[04] http://www.prnewswire.com/news-releases/siam-center-introduces-its-latest-icon-mrp-absolute-siam-as-the-new-landmark-of-bangkok-221463211.html

[05] http://www.jimthompsonhouse.com/life/index.asp

 Chapter 6.2

[01] http://www.thaitradefair.com/

[02] http://www.demarkaward.net/

[03] https://en.wikipedia.org/wiki/One_Tambon_One_Product

[04] http://www.otoptoday.com/en/

Chapter 6.3

[01] http://www.bangkok.com/rattanakosin/

[02] http://culture360.asef.org/magazine/bangrak-klongsan-creative-district-bangkok-thailand/

[03] http://culture360.asef.org/magazine/co-create-charoenkrung-project-interview-charintip-leeyawanich-thailand/

[04] http://www.mottimes.com/cht/article_detail.php?type=1&serial=739

[05] http://www.nationmultimedia.com/news/sunday/aec/30267665

[06] http://www.nationmultimedia.com/news/national/30296183

[07] http://www.aecen.org/node/2530

[08] https://www.pressreader.com/thailand/bangkok-post/20161011/282162175726895

 Chapter 6.4

[01] http://www.apexsiam-square.com/

[02] http://bk.asia-city.com/bangkok-venue/scala-theatre

[03] https://coconuts.co/bangkok/lifestyle/stay-execution-chula-propertys-answer-rumor-scala-and-lidos-extended-contract/

[04] http://www.houserama.com/

Chapter 6.5

[01] http://www.jimthompsonhouse.com/museum/index.asp

[02] http://neilsonhayslibrary.com/history/

[03] http://en.bacc.or.th/content/background.html

Chapter 6.6

[01] https://thecommonsbkk.com/#story-section

[02] http://www.sansiri.com/commercial/habito/en/

[03] http://bk.asia-city.com/city-living/news/many-awesome-things-hidden-within-sukhumvit-soi-77-onnut

Chapter 6.7

[01] https://www.itsfun.com.tw/%E5%92%96%E5%95%A1%E6%A8%B9/wiki-3887074-2448944

[02] http://bk.asia-city.com/restaurants/bangkok-restaurant-reviews/ceresia-coffee-roasters

[03] https://www.facebook.com/pg/Ceresia-Coffee-Roasters-431787946917113/about/

[04] http://bestcoffeein.asia/updates/coffee-champ-pushing-the-cause-of-thai-specialty-coffee-to-a-global-audience/

[05] http://bestcoffeein.asia/thailand/bangkok/roots-coffee-roaster-bangkok-brilliant-house-roasted-coffee/#.WLY8PyN94_q

[06] http://www.bonappetit.com/test-kitchen/common-mistakes/article/cold-brew-coffee-common-mistakes

[07] http://the-sun.on.cc/cnt/lifestyle/20150920/00479_006.html

Chapter 6.8

[01] http://www.thaiwaysmagazine.com/thai_article/30-07_the_royal_chitralada/the_royal_chitralada.html

[02] https://en.wikipedia.org/wiki/Doi_Kham

[03] http://www.chiangmai-chiangrai.com/doi_kham_royal_projects.html

[04] http://hk.apple.nextmedia.com/supplement/travel/art/20161215/19865276

[05] http://www.doitung.com/en/about.php

[06] http://www.doitung.org/cafe_journey.php

泰國，芒果吃酸的，咖啡喝甜的！
微笑國度的近距離文化觀察

作者	姜立娟	Li-chuan, Chiang
責任編輯	蔡穎如	Ruru Tsai, Senior Editor
內頁編排	申朗創意	Chris' Office
行銷企劃	辛政遠	Ken Hsin, Marketing Executive
總編輯	姚蜀芸	Amy Yau, Managing Editor
副社長	黃錫鉉	Caesar Huang, Deputy President
總經理	吳濱伶	Stevie Wu, Managing Director
首席執行長	何飛鵬	Fei-Peng Ho, CEO

出版　　　　　創意市集

發行　　　　　英屬蓋曼群島商家庭傳媒股份有限公司城邦分公司
　　　　　　　Distributed by Home Media Group Limited Cite Branch
地址　　　　　104 臺北市民生東路二段 141 號 7 樓
　　　　　　　7F No. 141 Sec. 2 Minsheng E. Rd. Taipei 104 Taiwan

讀者服務專線　0800-020-299 周一至周五
　　　　　　　09:30 ～ 12:00、13:30 ～ 18:00
讀者服務傳真　（02）2517-0999、（02）2517-9666
E-mail　　　　創意市集 ifbook@hmg.com.tw

ISBN　　　　　978-986-94341-4-0
版次　　　　　2017 年 3 月初版
定價　　　　　新台幣 340 元／港幣 113 元

製版印刷　　　凱林彩印股份有限公司

城邦書店　　　城邦讀書花園 www.cite.com.tw
地址　　　　　104 臺北市民生東路二段 141 號 1 樓
電話　　　　　（02）2500-1919　營業時間：09:00 ～ 20:30

香港發行所／城邦（香港）出版集團有限公司
香港灣仔駱克道 193 號東超商業中心 1 樓
電話：（852）2508-6231
傳真：（852）2578-9337
信箱：hkcite@biznetvigator.com

馬新發行所／城邦（馬新）出版集團
41, Jalan Radin Anum,Bandar Baru Seri Petaling,
57000 Kuala Lumpur,Malaysia.
電話：（603）9057-8822
傳真：（603）9057-6622
信箱：cite@cite.com.my

國家圖書館預行編目（CIP）資料

泰國，芒果吃酸的，咖啡喝甜的！：微笑國度的
近距離文化觀察　/　姜立娟著.
-- 初版 . --
臺北市：創意市集出版：家庭傳媒城邦分公司發行，
2017.03　面；　公分

ISBN　978-986-94341-4-0（平裝）

1. 文化　2. 社會生活　3. 泰國曼谷

738.2713　　　　　　　　　　　106001261